Verbum potens est

ГЕННАДИЙ РУДЯГИН

БЕЛЫЙ ДЕНЬ НА ДВОРЕ

американский дневник

короткие рассказы

киносценарии

пьеса

стихи

IGRULITA PRESS, USA

СОДЕРЖАНИЕ

МОЯ ДОРОГАЯ ЛЮ ВИ

американский дневник

1996 год

25 августа, Нью-Йорк

Знаю одно: я люблю мою Лю Ви. А может, знаю и ещё что-то, только не помню...

Знаю, - не знаю. Помню, - не помню. Ощущение такое, буд- то выплюнуло меня на полной скорости из бетономешалки и ляпнуло оземь: с прилётом! В голове – круговерть, в глазах – мерцание, в теле – стон.

Знаю, например, что я дурак, но почему дурак, не знаю... Помню, как не хотел сюда – как разрывался и страдал, как много и крепко пил, а как очутился здесь, не помню.

Помню, как раздражала и злила всех знакомых моя любовь к Лю Ви, и как успокаивал меня хороший журналист Коля Шкрибляк:

«Они же никогда никого не любили! Они не знают, что она существует, любовь!» Помню, как дрожащей рукой подписал ему свою книжку: «Миколі Шкрібляку, що не дав мені померти», а как простился с ним, не помню.

Помню, как добрейший директор театра не пожелал предоставить мне отпуск за свой счёт – « Как можно перед началом театрального сезона? Как можно?!»... как я швырнул ему на стол заявление об увольнении...

Помню, как запретил своим сёстрам провожать меня на вокзал:

« Вы же не хотите, чтоб разорвалось моё сердце!»

Помню прощальные объятия верного друга юности Вани Павлюка на перроне черновицкого вокзала.

Помню солнце. Помню дождь. Стук колёс. Помню страшную грозу за окнами вагона...

Помню, как перед регистрацией билета на Нью-Йорк, сбрив в туалете усы, тыкал под нос служащему бориспольского аэропорта свой паспорт и просил меня не выпускать. «Это же не я! – убеждал его я. – Посмотрите, в паспорте фотография человека с усами!»

Больше ничего не помню. Предполагаю, что пил и в самолёте...

В нью-йоркском аэропорту имени Дж. Кеннеди меня встречала Лю Ви. Длинноногая, красивая и ослепительная, как принцева невеста – вся в белом. И сильно растерянная. Она, я думаю, хорошо не знала, чего ей ждать от заморского пьяного принца. Я был почему-то предельно обижен.

- О чём ты думаешь? – заботливо спросила Лю Ви в электричке метро.

- О том, как маленьким выпал из подводы.

Нежная Лю Ви побледнела.

- Господи! – сказала она. – Как?

- Не знаю. Все мои поехали дальше, а я позорно выпал... Потом за мной, кажется, вернулись. А может, нет. Может, я всё ещё валяюсь на дороге...

- Тебе необходимо поправиться, - сказала вся в белом Лю Ви, когда мы вышли на станции Кингс Хайвей. – Что будешь пить – водку или пиво?

- Пиво! – сказал я. Хоть хотелось мне водки.

Лю Ви купила ящик пива...

Чужой горячий ветер гонял по улице «русского» Брайтона рекламные бумажки. От раскалённого асфальта разило запахом паровозного депо. В глазах пестрело от многоцветья чужих лиц, витрин магазинов, ресторанчиков и лотков фруктово-овощных лавок... Обида моя росла.

- Сними берет! – рассмеялась прекрасная Лю Ви. – Все думают, что ты прилетел с Аляски!

Я вскинул рюкзак на плечо.

- Плевал я на всех! – ответил я. – Веди дальше!..

Мне не хотелось смотреть на субботнюю толпу гуляющих американцев. Не хотелось, не хотелось, не хотелось!

Но предо мной вдруг сама собой возникла старуха в шортах и в белой молодёжной майке на курином теле. Полопотав о чём-то вдохновенно на английском языке, старуха ушла как ни в чём не бывало.

- Знаешь, о чём она говорила? – спросила Лю Ви.

- Нет.

- Она сказала, что у тебя очень красивая спутница.

- Ей-то до этого что?

- Ничего. Она высказала то, о чём думала. Такие здесь люди.

- Ну и чёрт с ними! – огрызнулся я. – Веди!..

1815, F17 street. Здесь Лю Ви сняла для нас квартиру-студию, в которую только сегодня вселилась. Здесь мы впервые обнялись. У стен громоздились полиэтиленовые кули с немногочисленными пожитками прекрасной Лю Ви и с её неисчислимыми конспектами. В крохотной кухне кишмя кишели тараканы... Но пыхтел белоснежный холодильник, блестел чернотой телефонный аппарат, а в ванной не иссякала горячая и холодная вода.

- Я всё боялся, что ты тут без меня прыгнешь с моста или бросишься под электричку, - сказал я, поглаживая Лю Ви по белокурой головке. – Помнишь, грозилась?

- Так было вначале.

- А ты даже похорошела. Вся в белом, в локонах каких-то... дурацких.

- Но это – ради тебя! Только ради встречи с тобой!

- Не верю, - сказал я...

Потом Лю Ви уехала на работу, а я долго смотрел в чужое, ещё не мытое окно. Там – тесный двор-колодец и толстый ствол старого дерева. По стволу бегают истеричные белки. Серые, как крысы...

Я уже знаю, что больше месяца-двух здесь не протяну. Всё, о чём поведала мне Лю Ви, неинтересно, унизительно, чуждо природе человека моего воспитания. Только задавшись какой-нибудь дикой, маниакальной целью, можно выдержать всё это.

Талантливый математик, физик и педагог, Лю Ви окончила курсы английского языка при нью-йоркском университете и... курсы хомеаттенд (уход за престарелыми и больными) Присматривала за парализованным чернокожим священником, за «нашим» самодуром-эмигрантом. Параллельно подтвердила действенность своего отечественного диплома, сдав уйму экзаменов на английском языке. И вот теперь, ухаживая без выходных за больной паранойей американской старухой, мечтает устроиться учителем в школу. У Лю Ви есть цель – она должна перетащить сюда всю свою размечтавшуюся родню... Что буду делать здесь я?

В восемь вечера зазвонил телефон.

- Здравствуйте! – сказал приветливый женский голос. – С приездом. Меня зовут Мила. Я – хозяйка квартиры. Мы уже двадцать лет, как из Одессы. Я хочу вас попросить... предупредить. Эта квартира – моей мамы. Она очень старая и живёт у меня. Это неудобно. И сейчас я добиваюсь для неё двадцать четыре часа хомеаттенд (круглосуточного ухода за счёт государства – Г. Р.) Если я этого добьюсь, то мама переедет в свою квартиру. Но я, конечно, не добьюсь. Я уже этого добиваюсь два года. И тогда, когда я не добьюсь, вы будете там жить столько, сколько захотите, - от вашей Лю Ви я без ума. Скажите, она кто – китайка?

- Мулатка.

- Что вы сказали?

- У Лю Ви родители разной национальности.

- Вот почему у неё белый волос! - заключила приветливая Мила. – Я хочу вас предупредить: не отвечайте на телефонные звонки и никому не открывайте дверь. Потому что могут быть проверки, и я не только не получу двадцать четыре часа хомеаттенд для мамы, но меня ещё сильно и оштрафуют. И даже могут отобрать квартиру, так как сдавать её кому-либо я не имею права. А на вас наденут наручники!

- А я-то при чём?

- О! Не говорите! Это – Америка! Увезут, и мы не будем знать, где вас искать!.. А потом мой муж, может быть, возьмёт вас к себе на работу.

- А где работает ваш муж?

- На уборке офисов.

- Где-где?

- На уборке офисов... Мусор убирает, сор.

Все волосы на мне зашевелились. Я опустил трубку на рычаг и бросился к своей дорожной сумке. Выхватил из неё газету «Буковина», вышедшую в свет за день до моего отъезда из Черновцов, и принялся, для очищения от американского «мусора», читать всё, что там было моего и обо мне написано:

«... Це ім'я не нове для шанувальників мистецтва Мельпомени. Адже Геннадій Рудягін не тільки керівник літературно-драматичноі частини нашого муздрамтеатру імені Ольги Кобилянськоі, але й автор славнозвісного «Гніздечка» - вистави, яка здобула щиру прихильність чернівецького глядача. Водночас це ім'я – нове, оскільки в поетичній царині Геннадій виступає вперше.

Родом з Північної Осетії (м. Моздок), випускник сценарного факультету Всесоюзного державного інститкту кінематографії, автор прозової книжки оповідань і сценарію художнього фільму «Руда Фея», він не новачок у слові, любить його і віддає йому тиху, ніжну пульсацію своєї душі. Знайомтеся!

ПРОЩАНИЕ

Ау, ау!.. Мы разбрелись,

Рыдаем у перронов,

Меняем облачную высь

На пастбища бизонов.

Уходят в самолётов пасть,

В жующий мир достатка

Достоинство, Любовь и Страсть

И Честь – всё без остатка.

Над непокрытой головой

Твои ладони взвились...

О Боже, Боже, Боже мой,

Для этого ль родились?!»

И т. д., и т. д... Ещё пять стихотворений.

Не дочитав, я, неожиданно для себя, заплакал. Не по-мужски. И уж, конечно, не по-принцевски. Наверно, из меня выходил многомесячный хмель...

С мокрыми глазами перелистал оставленную для меня Лю Ви русско-американскую прессу:

«Юный афганец хочет встретить особу женского пола той же национальности для интимных отношений и продолжения рода...»

«Русской православной церкви нужен регент (718) 492-5659...»

«Одинокий пожилой миллионер ищет экономку с проживанием и со знанием английского. 500 долларов в неделю наличными. (718) 604-0975...»

«Украинка 39 лет, очень симпатичная блондинка ищет обеспеченного мужа или друга, который сможет развеять чувство одиночества (718) 891-3975...»

«Изменение имён. Только у нас вы можете легально изменить имя, фамилию в течение 7 дней (718) 368-1012, Ида...»

«Деловая карьера 40-летней Дианы Росси может служить наглядным примером знаменитой американской предприимчивости и ещё одним доказательством тезиса, что человек — сам кузнец своего счастья, даже если это счастье представляет собой собачье дерьмо.

В семилетнем возрасте её родители по неизвестным причинам отказались от неё, и девочка переходила от одной приёмной семьи к другой. В конце концов она убежала и стала бродяжничать. Во время странствий она познакомилась с таким же бедолагой, и они решили пожениться. Брак длился всего лишь два года, но на память о нём у Дианы осталась дочь.

Не получившая никакого образования молодая женщина с маленьким ребёнком на руках хваталась за любой заработок, но не раз и не два, когда нечем было расплатиться за жильё, ей приходилось перебираться из очередной лачуги в свой вэн и жить с дочкой прямо на кишащих опасностями улицах Чикаго. Жизнь казалась Диане невыносимой, и ей часто хотелось покончить с собой. Но в какой-то момент она поняла, что бессмысленно винить мир в своих несчастьях, и за себя следует бороться самой.

Взяв этот принцип за основу, она нашла работу в компании, торгующей парфюмерией и косметикой, где имела скромный заработок порядка 300 долларов в неделю, которых хватало на квартиру и скромный быт. Но ей хотелось двигаться дальше, а она не знала куда, потому что денег на какое-нибудь собственное дело у неё не было.

Но однажды, когда она в очередной раз услышала, как соседи спорят из-за того, кто уберёт во дворе за собакой, Диану осенила идея. Она подумала, прочему бы ей не взяться за это неприятное для владельцев собак дело, если они согласны будут платить. Росси напечатала объявление, где предлагала всем желающим услуги по уборке того, что их собаки оставляют на улицах и в парках, и вскоре телефон в её доме стал часто звонить, после чего она появлялась в указанном месте с совком и кульком.

Так в начале 90-х годов была заложена основа её бизнеса на собачьем дерьме, и теперь она с гордостью называет себя «человеком номер один» во второсортном бизнесе. В первый год Росси заработала на этом всего около полутора тысяч, но постепенно круг индивидуальных клиентов стал расширяться, потому что её сервис стоит недорого – 9 долларов в неделю с одной собаки; а затем постепенно стали появляться и коллективные клиенты: школы, парки и детские площадки. Сейчас Диана зарабатывает свыше 100.000 долларов в год, используя собственную уборочную технику и двух почасовых помощников, но уверенна, что уже к концу нынешнего года объём заказов удвоится и ей понадобятся постоянные сотрудники...»

Глаза мои стали сухими.

26 августа, Нью-Йорк

В полубреду в неприбранной квартире я вдруг увидел отчётливый сон. Будто в нашей студии, на кровати сидит Лю Ви. Стук в дверь. Я выглядываю и вижу прижавшегося к стене человека в чёрной шляпе. «Кто вы?», - спрашиваю я. «Шульц», - отвечает человек. «Ты знаешь Шульца?» - спрашиваю я у Лю Ви. «Да!» - выдыхает Лю Ви радостно и обречённо. Человек в шляпе, просияв, вбегает в комнату, с обутыми ногами взбирается на кровать и, усевшись рядом с Лю Ви, лицом к стене, начинает раскачиваться взад-вперёд, часто-часто кивает головой и что-то бормочет. Лю Ви сидит лицом ко мне, но напрочь позабыв обо мне, вторит Шульцу теми же движениями и тем же бормотаньем.

Я опускаюсь на стул, смотрю и понимаю, что эти оба совершают какой-то, ведомый только им одним, ритуал, и что это – всё, конец! И ничем уже мне не поможешь...

В четыре дня прибегает сияющая Лю Ви.

- Ты знаешь, знаешь! – говорит она. Мне на работу звонил Алекс!

У меня перехватило дыхание.

- Шульц? – спрашиваю я.

- Какой Шульц? – отвечает радостная Лю Ви. – Алекс! Улин Алекс! Есть у меня знакомая Ульяна. Мы вместе с ней учились дома в университете. Она – мастер спорта по художественной гимнастике. Замечательные люди! Они знают, что ты прилетел! Алекс говорит: «Ты столько времени работаешь без выходных... Мы с Улей приглашаем вас на пару часов на океан». Он уже и мясо для шашлыков замариновал, и выпивку купил. Они поехали купить шашлычницу, и скоро заедут за нами на своей машине!.. У тебя плавки есть?

- Нет! – говорю я, помня о Шульце. – Нет у меня никаких плавок! Я не плавать сюда прилетел! Езжай с Алексом, как ты его называешь, и с Ульяной сама!

Лю Ви опускает руки:

- Но я же и так всё сама и сама...

- А это - твоё личное дело! - говорю я. - Бачили очі, що купували, іжте, хоч повилазьте! Не я тебя толкнул в эту пропасть!

- Ну, пожалуйста! - умоляет Лю Ви. - Я ещё ни разу не купалась в океане! Муж ты мне или не муж?

- Нет, не муж! - как дурак, кричу я...

Алекс - и гном, и бог, и великан. Невысокий, он светится тихой улыбкой застенчивого, но всесильного мага. Самые строптивые женщины рядом с ним чувствуют себя девчушками с рогатыми косичками и находятся в состоянии предчувствия чуда. Любимое слово Алекса - «нормально».

- Как там ненька Украина? - спрашивает Алекс-великан.

- Стогне і співае, - отвечаю я.

Ответ Алексу нравится. Он застывает с куском мяса в руке, который уже нанизывал на шампур.

- Стогне і співае? - зачарованно переспрашивает он. - Ух! Класс! Такие мы!

Мастер спорта по художественной гимнастике Ульяна любит Алекса, как любят луч солнца в сырую погоду - Алекс старше её лет на двадцать-двадцать пять...

- Ну-ка, девочка, скажи, - обращается Алекс-гном к влюблённой Ульяне, - кто у нас сегодня ведёт машину?

- Я! - смеётся Ульяна.

- Нормально! Значит, пью я!.. Нормально?

Ульяна гладит его по руке.

- Ты же знаешь, - говорит она.

- Тогда ешьте вот окорок, буженину, пастрому, балык, икру, - говорит Алекс-бог. - Пока подоспеют шашлыки, картошка и кукуруза. Всё нормально, друзья. Всё о'кей! Пожалуйста, попробуйте салат из американской капусты!

Я смотрю на Лю Ви. Она счастлива, как комнатный ребёнок на долгожданной детской площадке.

- Спасибо, Алекс! – говорю я негромко.

- Что? – переспрашивает он, наклоняясь ко мне.

- Спасибо за праздник для Лю Ви.

- А! – отмахивается он. – Ерунда. Всё нормально.

А океан... Что ж океан? Лужа, она лужей остаётся даже в Америке. Зелёно-мутная, медузная. Черное море, безусловно, лучше.

27 августа, Нью-Йорк

Тридцать градусов жары. Влажно, душно и липко. Я - в белых брюках и в белой тенниске с изображением американского флага на нагрудном кармане. Лю Ви – в лёгком кремовом платьице. Мне грустно на неё смотреть.

- О чём ты думаешь? – спрашивает Лю Ви.

Я провожаю её до метро.

- Мне жаль тебя.

- Почему?

- Ты – рабыня.

Лю Ви делает вид, что не слышит меня. Она указывает на какую-то улицу.

- Если вот так вот идти минут сорок, то можно прийти к океану, - говорит она, - к тому месту, где мы отдыхали с Алексом и Улей.

- Что же будет, когда ты всех своих перетащишь сюда? – спрашиваю я. – Ты ведь знаешь, что я здесь не останусь.

- Я приеду к тебе.

Некоторое время мы идём молча. На Лю Ви засматриваются прохожие.

- Мы видимся с тобой по два часа в сутки, - говорю я. – Для чего я сюда прилетел?

Лю Ви касается моей ладони:

- Чтобы видеться хотя бы по два этих часа.

Бедная Лю Ви. Бедная девочка... Если и винить кого-то во всём случившемся, то, конечно, не тебя.

1 сентября, Нью-Йорк

Всю ночь в доме выла собака...

- Это не собака, - объяснила Лю Ви потом. – Это больной человек. Весь наш дом населяют больные и немощные. Их квартиры – самые дешёвые в Нью-Йорке... Присмотр и уход за этими людьми осуществляется за счёт муниципальных властей.

2 сентября, Нью-Йорк

Юная, светящаяся, полная любви к окружающим девушка восторженно говорила в переполненном лифте:

- Вы должны обязательно посмотреть эту машину! Белоснежная, как белая голубка! Вся сверкает! Я её только что видела на улице! Посмотрите, посмотрите на неё непременно!

Пассажиры лифта отводили от девушки глаза. Эта девушка живёт в нашем доме. Она – сумасшедшая... Здесь нет психушек.

«Зажирела-таки Америка. Это определил исследователь Колорадского университета Джеймс Хилл, давший явлению название «Жировая эпидемия». Она выражается в том, что сегодня 54 процента взрослых американцев весят больше нормы. И процесс развивается по восходящей. Главные причины две: американцы много едят и мало двигаются, у них малы физические нагрузки. Быть излишне сытым и толстым – не так-то безвредно. Ожирение увеличивает риск диабета, рака, сердечных заболеваний, других хронических расстройств.

Выяснено, что около 60 процентов людей, рискующих умереть в результате того или иного заболевания, страдают ожирением. Излишний вес – не только личная забота. Ожирение среди американцев, по оценкам Американского института медицины, обходится Соединённым Штатам приблизительно в 70 миллиардов долларов из-за снижения по этой причине производительности труда и расходов на медицинское обслуживание»

«Статистика показывает, что несмотря на обилие на рынке средств для удаления волос на теле, большинство из нас предпочитают это делать при помощи бритвы. Наверное, вы уже много лет бреетесь несколько раз в неделю. И, наверное, всё ещё выбриты не идеально. Но это поправимо. Существует достаточно способов, чтобы, воспользовавшись ими, вы оказались самой гладкокожей женщиной на пляже. Вот как выбирается оптимальная для гладкости бритва...»

3 сентября, Нью-Йорк

Наши два часа. Мы вместе. Лю Ви в полуулыбке дремлет.

- Ты ноги не бреешь? – квакаю я.

Лю Ви открывает глаза и несколько минут молча смотрит в потолок.

- Ты что... сумасшедший? – спрашивает она.

- Американки, оказывается, бреют.

- Я же не американка.

- Но очень хочешь ею стать.

- Ты опять... Чего ты добиваешься?

- Хочу забрать тебя домой.

- Но ты же понимаешь, что это пока невозможно.

- А когда это будет возможно?

- Я не знаю... Как только оформлю документы на своих.

- Это – скоро?

- Не знаю... Здесь ничего нельзя знать вперёд наверняка. Вот устроюсь на постоянную работу...

Что мне делать? Я ведь Лю Ви хорошо понимаю. Как мне быть?

4 сентября, Нью-Йорк

По телеканалу 5-FOX показали последствия автокатастрофы, которая произошла где-то в центре Нью-Йорка. Толпа встревоженных людей. Мигание и улюлюканье сирен спецмашин. Полицейские и спасатели, долго растягивающие сплющенный автомобиль. Пожарные, врачи... Когда полицейские со спасателями извлекли из обломков автомобиля то, что осталось от пострадавшего, толпа зевак... ликуя, зааплодировала.

6 сентября, Нью-Йорк

На одиннадцатом канале американского телевидения ежеутренне, кроме субботы и воскресенья, транслируется ток-шоу Джерри Спрингера из Чикаго. Темы шоу такие: «Моя сестра украла моего мужа», «Моя мать сделала меня проституткой», «Я сплю со своим боссом», «Я увела любовника у своей матери», «Меня любят трое», «Я – лесбиянка» и т. д. Рубрика называется «Секреты и сюрпризы секса». Здесь под крики одобрения, хохот и свист многолюдного зала, старые леди мутузят «ледь» молодых, молодые, в отместку, демонстрируют упругие попки и груди. Джентльмены потрясают обнажёнными мужскими достоинствами (правда, заретушированными создателями передачи), колошматят изменниц и соперников; супер-сексуальные старухи хвастают участками сохранившегося тела... Всё просто, беззастенчиво, естественно. Не зная языка, всё понимаешь. Трудно определить цель подобного зрелища. Разоблачение ханжеской сущности внешне добропорядочного улыбчивого общества? Развлечение для низших слоёв общества?.. Поражают красота и женское очарование молодых соперниц, готовых изничтожить друг друга из-за невзрачных, гадких мужиков... По местной статистике 80 процентов чёрных женщин и 56 процентов белых – матери-одиночки.

10 сентября, Нью-Йорк

В каждом американском доме, заселённом жильцами, есть человек, именуемый супером (мастер на все руки). Он - доверенное лицо хозяина дома и несёт всю ответственность за состояние жилья. Организовывает побелку, когда надо; ремонт розеток, сантехники, газовых плит, уборку в коридорах, в лифтах и в фойе; меняет износившееся оборудование на новое... Этот человек, помимо зарплаты, получает в данном доме и квартиру... Супер дома 1815 – чёрный. Я долго не мог объяснить ему, что «наш» холодильник вышел из строя. Наконец, поняв в чём дело, супер, не произнося ни слова, прошёл со мной в квартиру, пощёлкал выключателями и тумблерами... и через полчаса заменил старый холодильник новым.

Денег за подобные услуги супер не берёт – запрещено. Во всяком случае, этот от чаевых категорически отказался... И вообще хочется об Америке думать хорошо. Если сюда бегут люди со всего света, значит, в этом что-то есть?

Но вот во многих американских школах – беспредел. Школяры употребляют наркотики, курят, пьют и стреляют друг в друга. Почти в каждой школе дежурят полицейские. А попасть туда в качестве учителя почти невозможно. Из-за большого притока в страну учителей-эмигрантов. Устраиваются только те, у кого есть хорошие связи. Лю Ви туда не устроиться никогда. Избегавшись по многим школам, имея на руках официальное направление от бордофэдьюкейшен (о Господи!.. Как наше гороно), она ничего конкретного и утешительного так и не добилась. Даже в "чёрные" школы её не берут.

- Предлагают работать только на подмену, - говорит Лю Ви растерянно и устало.

- То есть?

- Ну... в случае, если штатный учитель математики или физики данной школы по каким-то причинам не выходит на работу, то вызывают меня. Все говорят, что по-другому устроиться на постоянную работу просто нельзя. Но я же не могу сидеть и ждать их телефонного звонка. Кто мне за это заплатит?

- Плюнь! – решительно говорю я. – Не нужны тебе эти банды. Ты с ними не справишься. Я тут читал объявление... Поступай-ка ты на курсы программистов!

Ожившая Лю Ви вскидывает голову и улыбается.

- А на русское телевидение пойдём? – спрашивает она.

- Нет! – отвечаю я.

Эта глупость влезла ей в голову с самого начала. Ей кажется, что меня там только и ждут. Лю Ви прекрасна и наивна.

- Пойдём! – уговаривает Лю Ви. -Ты им понравишься!

- С моей визой туриста меня никто никуда не возьмёт. Я – турист. Ты это понимаешь?

- Тебя возьмут и без визы, - говорит Лю Ви. – Возьмут, возьмут! Им такие люди нужны.

Она устала. Спорить с ней бесполезно.

«В ближайшие 10 лет в Америке легче всего будет найти работу компьютерщикам и работникам здравоохранения. Таков прогноз рынка труда.

Положение на американском рынке труда диктуют сейчас два фактора: невиданные темпы развития компьютерной техники и увеличение количества пожилых людей... Но всё это вовсе не означает, что каждый из людей указанных профессий легко устроится на работу. Здесь большую роль играет опыт работы, харакрер и личные качества человека.

- Из тех, кто участвует в конкурсе на вакантное место и пришёл на собеседование с нанимателем, больше шансов у человека с положительным взглядом на жизнь, - утверждает Джон Колли, консультант по устройству на работу из компании «K- Consult» в городе Альбукерке. – Если вы на собеседовании плохо отзываетесь о своём прежнем начальнике и прежних коллегах, то может возникнуть подозрение, что у вас неуживчивый скандальный характер, а таких людей берут лишь в последнюю очередь.

Келли советует ищущим работу «стереть» из своей памяти всё отрицательное и взять для рассказа о себе и своём трудовом прошлом только положительное.

И ещё одна важная рекомендация. Не надо бояться даже на самом серьёзном собеседовании продемонстрировать чувство юмора. Работодатели знают, что работник, обладающий чувством юмора, меньше подвержен стрессам, панике на работе, он в случае неблагоприятных обстоятельств более гибок в принятии решений, открыт для творчества и нововведений, а это очень важные качества для работы в корпаративном мире.

- Учреждения, в которых есть место для шуток, для весёлого настроения, более продуктивны, - говорит Джон Келли. – В них работники реже отсутствуют и лучше работают.»

Есть у Лю Ви хорошая знакомая, Алёнка. Она заканчивала с Лю Ви одни и те же курсы английского языка и помогла ей перевезти пожитки в «нашу» квартиру. Бывший стоматолог. А у Алёнки есть муж Саша, бывший океанолог. Они два года тому, выиграв грин-карту, прибыли сюда из Ленинграда... Алёнка, как и Лю Ви, в настоящее время работает у старушки-американки, а Саша – в мастерской по пошиву беличьих шляп для ортодоксальных евреев – хасидов. В этих шляпах, похожих на гнёзда аистов, хасиды по пятницам празднуют шабат (шабас). Хозяева мастерской - тоже хасиды (с пейсами)... У Алёнки и Саши есть компьютер. Они помогли составить и отпечатать моё резюме. И мы с Лю Ви поехали в Нью-Джерси, на русско-американское телевидение MNB.

- Здравствуйте! Вам нужны творческие работники? – безнадежно спросил я.

- Здравствуйте! – приветливо откликнулся сидевший за столом тучный человек с подстриженной бородкой и мягким голосом. – Да, нужны.

- Я принёс вам своё резюме.

- Давайте его сюда!.. Садитесь, пожалуйста.

- Вот мой паспорт, - сказал я, ошарашенный простотой приёма.

- Зачем? – улыбнулся человек с аккуратной бородкой. – Паспорт не нужен.

- Я хочу, чтобы вы взглянули на мою визу.

- Не стоит. Да я в них и не разбираюсь, в визах...

У Лю Ви радостью загорелись глаза (а я что говорила?)

- Тэк-с, - продолжил человек с мягким голосом, принимая мой листик бумаги. – Что же тут, в резюме?.. Прекрасно! Вы и на телевидении работали? И в кадре вели передачи?

- Да. В Молдавии. В Кишинёве.

- И в сценарной мастерской киностудии «Молдова-филм»... И телеспектакли по вашим пьесам были поставлены... Где вы живёте?

- На Кингс Хайвей! – подсказала разрумянившаяся Лю Ви.

Тучный человек с мягким голосом кивнул.

- Я почему спрашиваю? – сказал он. – Мы работаем ведь круглосуточно. Порою и ночью придётся добираться домой...

- Я бы всё же хотел, чтобы вы взглянули на мою визу, - сказал я, суя ему свой паспорт.

- Да не нужен мне ваш паспорт! – отшатнулся тучный человек с мягким голосом. – Что вы в самом деле? Мы живём в Америке, в свободной стране!

- Но у меня не рабочая виза, - сказал я.

- Нет! – резко крикнул тучный человек с металлическим голосом. – С иной визой мы никого не берём!

- Но... – хотела вставить что-то побледневшая Лю Ви.

- Нет! – прервал её огромных размеров человек.

Он, похоже, даже обиделся на нас...

«Молодая женщина Джанет Шейкман из Нью-Джерси решилась на аборт, когда узнала, что согласно тестам, её ребёнок – девочка – страдает серьёзным заболеванием и всё равно не жизнеспособна. Однако после операции в марте 1996 года выяснилось, что это был мальчик, причём, совершенно здоровый, судьбу которого решили, точнее «порешили», специалисты Леннокс-Хилл госпиталя. Потрясённые Джанет и её муж, долго ждавшие детей, теперь подали жалобу в Верховный суд Манхэттена на госпиталь и лабораторию, где делались злосчастные тесты.»

16 сентября, Нью-Йорк

У Алёнки возникло предложение. Она приняла его, конечно, вместе с Сашей: поскольку Саша скоро заканчивает курсы программистов и будет устраиваться по специальности, то его место в мастерской по пошиву шляп для хасидов должен занять я. Саша в этом деле составит мне протекцию.

- Маразм! - сказал я вдохновлённой Лю Ви.

- Почему маразм?

- Да потому, что там же надо шить!

- Ну и что? – удивилась Лю Ви. – Саша научит!

- Кто будет ждать, пока меня научат? Ты где живёшь?.. Хасидам нужна продукция. Немедленно! Прибыль им нужна, ты понимаешь?

- Но Алёна говорит, что там не требуется рабочая виза.

- Там требуется элементарный раб, Лю Ви. Он должен строчить на машинке. Не на пишущей, понимаешь? На швейной! Я же на швейной машинке даже в страшном сне не строчил.

- А Саша говорит...

- Бред! Всё, забыли об этом... Ты есть хочешь? Я приготовил сногсшибательные битки.

6 октября, Нью-Йорк

Девять дней мы с Лю Ви находились на положении американских бездомных. Вернее, так. Лю Ви, как и прежде, дни и ночи проводила у больной паранойей по имени Селия, а я остался без крыши над головой – хозяйка «нашей» квартиры Мила таки добилась того, чего добивалась уже два года – её маме предоставили круглосуточный уход за счёт государства. Нам было предложено освободить квартиру... Нежданно помощь пришла со стороны родственников Лю Ви. Жена двоюродного брата Лю Ви, добрейшая Марина строго сказала:

- Как вам не стыдно! Пусть Гена поживёт у нас!

Хорошо иметь родственников в чужой стране. Особенно в Америке..

Пять ночей я провёл в гостеприимном, дружном семействе, прибывшим сюда уже более семи лет тому, обитающем в своём собственном доме в районе канала Шипсэд Бэй. А днём мы встречались с Лю Ви у офиса FLAGHIP – чёрно-блестящего полунебоскрёба в Квинсе, неподалёку от места работы Лю Ви. Здесь мы, сидя на лавочке у автобусной остановки, ели колбасу с хлебом и пили кофе из бумажных стаканчиков. Лю Ви всё это напоминало итальянский неореализм: и наши обеды под пыльной кроной тощего дерева и вечерняя учёба на курсах по подготовке русскоязычного персонала для фирмы, строящей и продающей недвижимость. Сюда мы устроились по объявлению в газете. Лю Ви, выкроив пару часов, посещала курсы, конечно же, только ради меня. Она мечтала, что со временем я открою свой офис в Квинсе и буду процветать, продавая налево и направо недвижимость американской фирмы FLAGHIP. А она будет у меня программистом. Я бесконечно люблю мою Лю Ви за такой вот неожиданный нырок в детство, когда хочется выть. Она обожает купаться в розовом цвете...

Нас надули. Первым это почувствовал гинеколог из Махачкалы Шурик, когда с нас за четырёхдневный «курс обучения» по полтора часа в день содрали по 20 долларов с каждого.

- Всё. Нас накололи, - сказал Шурик. – Им нужны новые лохи, из которых они сорвут ещё по 20 долларов с рыла. С нас они содрали тысячу за четыре дня. Оставив без намёка хоть на какую-нибудь работу... Конвейер запущен, благодаря нам, оказавшимся самыми развесистыми лопухами...

За прошедшие дни Лю Ви сняла нам студию-квартиру на Брайтон Бич авеню, 1151, рядом с океаном, и мы... и у нас... «Наш медовый месяц!» - с любовью называет Лю Ви эти дни.

И ещё Лю Ви подарила мне пишущую машинку.

- Пиши! – просит она. – Пиши! – умоляет. – Пиши! Пиши! Пиши!

Моя дорогая Лю Ви. Она не ведает, что творится в моей душе. Она опять окунается в розовые цвета. Ей кажется, что, если я что-то напишу, то это что-то тут же опубликуют, и я стану знаменит. А она будет у меня программисткой...

Перепечатал и услал в самую «аборигенную» и авторитетную русско-американскую газету «Новое русское слово», где главный редактор Георгий Вайнер – соавтор сценария к фильму «Место встречи изменить нельзя», пять рассказов из моего сборника «Журавли».

«То, что вы сейчас прочитаете, может навсегда изменить вашу жизнь. Речь идёт о фантастическом средстве Нони-фрукт, родом из Таити. Federal Drag Administration утвердило к использованию этот уникальный препарат. Первооткрыватель элемента alkaloid xeronine доктор Ральф Хейнеке был поражён тем, что таитянский Нони содержит этот элемент, значение которого в медицине трудно переоценить, в огромных количествах. Практически это единственное средство, обладающее способностью оживлять клетки и увеличивать степень их активности.

На 83-ем ежегодном форуме американских асоциаций врачей-онкологов было подтвердено, что в результате экспериментов сок фрукта Нони значительно продлевает жизнь мышей, больных карциномой лёгких. Заключение врачей: Нони замедляет рост опухолей путём стимуляции иммунной системы.

Жителями Полинезии использование фрукта Нони давно освоено, и количество раковых заболеваний у полинезийцев сведено к минимуму. Старинные манускрипты, передаваемые из поколения в поколение, указывают на использование сока Нони как «живой воды» при лечении:

- язвы желудка;

- опухолей суставов;

- артритных болей;

- пищеварительной системы;

- туберкулёза и кашля;

- астмы;

- различных воспалительных заболеваний.

НО ГЛАВНАЯ ЗАСЛУГА НОНИ – ПОМОЩЬ РАКОВЫМ БОЛЬНЫМ!

Вывод врачей: Нони – чудо XX века!

Стоимость 1 бутылки Нони-фрукт, расчитанной на 30 дней, - 48 дол., стоимость 4 бутылок средства – 160 дол.

Оформить заказ на чудо-препарат Нони-фрукт вы можете, выслав чек или мани-ордер и приложив к нему данный купон, по адресу: А.

B. V. International P. O. Box 160, 24o3 65 – th St., Brooklyn. NY 11204. Стоимость пересылки включена в цену товара»

... Слева от нашего окна – окно стариков-молодожёнов. Мы их называем Ромэо и Джульеттой. Он – коренной американец, она – «наша» эмигрантка. Они никак не могут притереться друг к другу. На правах хозяина Ромэо почти весь день орёт. Грубо, громогласно, бесстыже.

- Ты расточительна! – переводит его визгливый ор Лю Ви, когда бывает дома. – Ты белоручка! Уходи! Я нуждаюсь в женщине, в красивой леди!

Общий их возраст – где-то лет 150.

- Ей нужно от него уйти, -говорю я. – Он – идиот!

- А если она его любит? – спрашивает, окутанная розовым цветом, Лю Ви.

7 октября, Нью-Йорк

Брайтон Бич авеню имеет в длину 980 моих шагов и в ширину, от бровки тротуара до бровки противоположного тротуара, - 25. Формой напоминает двустороннюю расчёску с длинными зубьями с одной стороны и с короткими – с другой. Короткие зубья (стрит), протяжённостью метров по 200-300 упираются в набережную океана (бордвок), а длинные – безмерны, и убегают в каменные дебри высотного города. Впрочем, и те, и другие имеют одни и те же названия. Количество стрит, пересекающих центральную авеню – пятнадцать. Они называются просто Брайтонами: 1-й Брайтон, 10-й Брайтон и т. д. Расстояние между Брайтонами (кварталы) – 50-60 шагов... Между 10-м и 11-м Брайтонами авеню Брайтон Бич протаранивает широкая Кони Айленд авеню. Отсюда и до самого 1-го Брайтона, включительно, авеню Брайтон Бич укрыто полотном железнодорожного моста, по которому, кажется, круглосуточно грохочут электрички наземного участка нью-йоркского метро (одного из участков). Здесь всегда полумрак и люди разговаривают значительно громче, чем, например, на 13-м Брайтоне, где крыши из моста нет.

Легко считая шаги на Брайтон Бич авеню, все его магазинчики, рестораны, кофейни, кафе, пиццерии, маркеты, шопы и фруктово-овощные лавки одним махом счесть невозможно. Им несть числа. Благодаря чему на всей авеню нет ни единого унылого окна. Всё – в весёло-пёстром разноцветье витрин. Одуряющий запах жареного мяса стоит здесь с утра и до утра. Гул разноязычных голосов несмолкаем; всё дышит атмосферой предкурортной зоны. Тут на каждом углу поют человеко-оркестры и загадочные дамы скороговоркой предлагают русские лекарства... Этот район Бруклина облюбовали для проживания бывшие одесситы, черновчане, симферопольцы, сочинцы. Брайтон Бич, в переводе с английского, означает – Ясный (или Светлый) Берег.

Алёнкин Саша заканчивает курсы программистов. Он уговорил меня занять его место в шляпной мастерской: «Это просто! Я научу!»

Лихо управляя своим серебристым автомобилем, деятельный Саша сказал:

- В Америке можно немного обманывать. Я хозяевам сказал, что вы на родине работали на заводе по изготовлению кинотехники... Курить у нас нельзя. Ланч – не более десяти минут. В пятницу и субботу не работаем. В пятницу у хасидов еженедельный праздник, шабат. В этот день они молятся, едят, пьют вино и в ночь на субботу зачинают детей. Каждый из них надеется, что в одну из таких ночей именно он заделает нового Мессию, который будет лучше Исуса Христа... Знаете, как это происходит? Жена накрывается простынёй, в которой вырезано отверстие для входа члена... Так стерильно, через простыню они и совокупляются. Непременно в полной темноте.

- А лицо? – спросил я.

- Что – лицо?

- Оно тоже накрывается простынёй?

- Этого я не знаю... Чёрт! В самом деле... Надо будет спросить!

... Румяный молодой хасид внимательно слушал моего благодетеля Сашу и косил красивыми глазами в мою сторону. Накручивал длинные пейсы на палец, раскручивал, и снова косился на меня.

В мастерской стоял едкий запах кислоты. Один их рабочих аккуратно растягивал и прибивал к доске беличью шкурку. Другой — электрофеном обрабатывал готовую шляпу. Третий строчил на машинке.

- Откуда вы, ребята? — спросил я.

- Из Ивано-Франковска.

- О! Майже мои земляки!

- А вы звідки?..

Подошёл Саша. Высокий, поджарый. Он, на правах старшего, сделал замечание Ивану, который слишком часто выходил за дверь.

- Ну что? - спросил я.

- Всё в порядке! — ответил Саша из-под дымчатых очков. — Хозяин хочет посмотреть, как вы шьёте на машинке.

Я долго смотрел в Сашины дымчатые очки. Саша, хорошо знавший, что я этого делать не умею, был невозмутим.

- Всё в порядке! — подтвердил он. — Хозяин хочет посмотреть, как вы шьёте на машинке.

Я ещё постоял, потом простился с ребятами из Ивано-Франковска и ушёл. Саша бросился меня провожать.

«Звезда национальной баскетбольной ассоциации Дэннис Родман известен своим экстравагантным поведением. Родман не только баскетболист-профессионал, но и неплохой актёр — он частенько снимается в кино со знаменитостями и чувствует себя рядом с ними уверенно.

Игрок «Чикаго-Буллз» заслужил прозвище Плохой Парень за «сольные номера» на площадке во время тренировок и баскетбольных матчей. Что уж говорить о его выходках за пределами спортзалов! Недавно вся Америка с восторгом встретила новое чудачество баскетболиста, который появился на публике с волосами, выкрашенными в немыслимые цвета. Одно из его последних скандальных заявлений – о сексуальных возможностях поп-дивы Мадонны. Некоторое время Дэннис Родман был любовником певицы и после разрыва со знанием дела во всеуслышание пожаловался, что «в постели эта секс-бомба не очень»

20 октября, Нью-Йорк

Хмуро-хмуро, и дождит. Лю Ви вдруг опять заговорила о шляпной мастерской... А где-то, за морями и океанами, в моём родном театре, теперь дорогие мне люди готовятся к премьере года...

- Там бы тебе было хорошо, - сказала Лю Ви про мастерскую. – Сухо, тепло... и работа сидячая.

Лю Ви не понимает состояния моей души, не знает о странной выходке Саши с этим «трудоустройством», не видит, что я на пределе...

- Там, в мастерской, неплохо платят, - говорит Лю Ви.

- Да чтоб она сгорела, эта мастерская! – взрываюсь я.

Лю Ви остолбенела.

- Как же ты можешь такое желать?! – поражается она. – Ведь там люди!.. Саша говорит, что ты просто не хочешь работать.

- И Саша тоже пусть горит! – кричу я. – Господи, как прекрасно, что вы все очистили от себя нашу землю! Как замечательно, что вас там никогда больше не будет!

Бедная Лю Ви испуганно смотрит на меня, прикрывая свой рот ладонью.

22 октября, Нью-Йорк

Мы, примирённые и друг другом прощённые, в гостях у Алекса и Юли. Из высокого окна видна серая гладь океана.

Алекс готовит закарпатскую мамалыгу со шкварками. Стол щедро уставлен бутылками и деликатесами... Мы пьём вино и говорим о ерунде; смотрим друг другу в глаза и беспричинно смеёмся.

- Всё нормально, - говорит Алекс-добрый гном. – Всё будет нормально.

Я в это не верю.

Потом Алекс-радушный великан ведёт меня по лестнице в нижний этаж квартиры.

- Всё нормально, - опять успокаивает он. – Вот, пожалуйста, выбирай! – Он указывает на ряды вешалок с одеждой. – Вот куртки осенние, вот – зимние.

- Зачем? – протестую я.

- Зима идёт, а ты совсем раздет.

- Я не думал, что придётся так надолго задержаться, - оправдываюсь я.

- Знаю, - кивает Алекс-бог. – Выбирай, не стесняйся. Это всё – не мой размер. Видишь, какие огромные. Они достались мне по случаю. Даром.

28 октября, Нью-Йорк

Молоденькая очаровательная Наташа прежде проживала в квартире, которую теперь снимаем мы. Она окончила юрфак МГУ. Отец её – процветвющий московский бизнесмен. Наташа приходит к нам, когда на наш адрес, по инерции, ей пишут письма.

- Самые пошлые, самые мерзкие и гадкие из всех «наших», говорит она, - это – хозяева магазинов и ресторанов. Чтобы получить место в таких бизнесах, нужно с этой дрянью переспать. Обязательно! Всенепременно! В противном случае – «Уходи! Здесь тебе не место!»

Наташа работает в ночном ресторане. Официанткой. И продолжает учёбу в юридическом колледже. У неё есть бой-френд. Он шофёр в какой-то фирме.

Слушая эту высокообразованную красивую девушку, мы с Лю Ви не верим, что она прошла через всё, о чём рассказывает. Не хотим верить. А спросить её об этом не решаемся.

Прочитал очень завлекательную и симпатичную заметку в газете «Русская реклама». Некто инкогнито предлагает работу на дому. Невероятно интересную и прибыльную.

Звоню:

- Это правда?

- Правда.

- В чём заключается работа?

- В телефонных переговорах. Вам придётся очень много творчески общаться со странами СНГ. Предлагать продукцию нашей фирмы. И всё.

- Прекрасно.

- Вы согласны?

- А кто будет оплачивать мои телефонные переговоры?

- Этот вопрос находится в стадии разработки. Вы согласны?

- Да. После того, как стадия ваших разработок завершится...

И мне видятся огни театральной сцены и слышатся голоса чеховских персонажей:

СОНЯ: Что же делать, надо жить!.. Мы, дядя Ваня, будем жить. Проживём длинный-длинный ряд дней, долгих вечеров; будем терпеливо сносить испытания, какие пошлёт нам судьба; будем трудиться для других и теперь, и в старости, не зная покоя, а когда наступит наш час, мы покорно умрём и там, за гробом, мы скажем, что мы страдали, что мы плакали, что нам было горько, и бог сжалится над нами, и мы с тобою, дядя, милый дядя, увидим жизнь светлую, прекрасную, изящную, мы обрадуемся и на теперешние наши несчастья оглянемся с умилением, с улыбкой – и отдохнём...

11 ноября, Нью-Йорк

По объявлению в газете «Курьер» ездили с Лю Ви на небоскрёбный Бродвей, в офис по набору матросов на круизные суда и нефтеналивные танкеры. Здесь всех устраивала и моя трёхгодичная туристическая виза, и сам я.

- Но он не знает английского языка! - предвидя скорую разлуку, испугалась Лю Ви.

- В коллективе, где говорят исключительно на английском, он его быстро освоит, - сказал офицер офиса. – Кроме того, получив паспорт матроса США, у него навсегда отпадёт проблема въездной визы в Америку. Кроме того, за два месяца вахты он заработает шесть тысяч долларов. Кроме того, он навсегда будет обеспечен работой. Но делать, конечно, придётся буквально всё: драить, грузить, носить. И без выходных. По двенадцать часов в сутки. Согласны?

- Нет! – вскрикнула Ли Ви.

- Да, - сказал я.

- Пожалуйста, внесите взнос за паспорт матроса.

- Сколько?

- Семьсот пятьдесят долларов.

Таких денег у нас, конечно, не нашлось... Но мы чуть-чуть не расстались снова.

- Какая замечательная погода! – сказала счастливая Лю Ви, запрокинув голову к синим проблескам неба над громадой запредельно высоких небоскрёбов.

Дул сильный холодный ветер.

1 декабря, Нью-Йорк

Мы пригласили Алекса и Улю на дружеский ужин... а пришли они на поминки: 28 ноября умер на родине отец Лю Ви. Об этом мы узнали только сегодня.

«Автор книги «Мёртвые говорят с нами», ставшей мировым бестселлером, отец Франсуа Брюн говорил на многочисленных конференциях о связях с потусторонним миром и об открытиях на грани смерти. Это интервью было взято в Модене, Италия, где проходил конгресс по транскоммуникациям.

- Не беспокоит ли мёртвых то, что мы пытаемся общаться с ними?

- Нет сомнения, что их это не беспокоит, если делается с любовью к ним.

- Позволяет ли Бог говорить с теми, кто ушёл от нас?

- Ушедшие должны доказать нам, что жизнь после смерти продолжается. Души умерших говорят, что это составляет часть плана, угодного Богу. Это сообщения, передаваемые голосами по телефону, через магнитофон, а так же изображения на экране телевизора.

- Те, кто ушёл, не сожалеют об этом свете?

- Это зависит от духовного уровня, которого они достигли. Некоторые очень долго остаются привязанными к этому миру и не могут оставить его по-настоящему. Есть также свидетельства того, что по христианской традиции называется чистилищем. На магнитофонной записи появились голоса, взывающие о помощи, они кричали, плакали или выражали гнев.

- Как помочь этим пропащим душам?

- Молитвой. В некоторых случаях души умерших овладевают сознанием и психикой живых и могут серьёзно повредить им. Я уверен, что добрая часть наших психических больных в действительности – люди, одержимые умершими. Многие из них не знают, что они мёртвые. У них впечатление, что они находятся в странном состоянии, что изменился окружающий мир, в котором они ничего не понимают. Тем не менее они не делают вывода, что умерли.

- Какие средства используются, чтобы войти в контакт с тем светом?

- Магнитофон, радиоприёмник, экран телевизора, даже факс. К последнему надо относиться с осторожностью: возможны фальсификации.

- Указывают ли на своих убийц погибшие от рук приступников?

- Нет, они отказываются от этого. В книге «Загробный мир смущесгвует» (издатель Флипаччи) рассказывается, что адвокат из Триеста, Лино Альбертини Сардос, вызвал своего сына Андреа, убитого в Турине. Войдя в контакт с ним при помощи медиума, отец спросил, знает ли он убийц. Сын ответил ему: «Да, знаю, но я их не выдам. Я их простил»...

Когда в тиши нашей студии мы випили по рюмке за упокой души преставившегося, с плотно закрытого крана на кухне, ни стого, ни с сего, закапала вода.

- Папа очень мечтал напиться в Америке из под крана чистой воды, - сказала Лю Ви. И вымученно улыбнулась. – Откуда ему было знать, что здесь для питья пользуются только покупной водой – в кранах вода не идеальна.

26 декабря, Нью-Йорк

Сегодня в газете «Новое русское слово» опубликованы три моих рассказа: «Про Мишку», «Лёшка-дурак», «Журавли». С иллюстрацией к первому рассказу. Есть отклики... например, от нежно-горячих губ дорогой моей Лю Ви:

- Фантастика! Еду в элетичке нью-йоркского метро и читаю твои русские рассказы! Великолепно! Замечательно! Поздравляю!

Без двух минут двенадцать ночи созвонились с Лю Ви, которая, как всегда, ночует у старенькой Селии, чокнулись бокалами с шампанским о телефонные трубки.

- С Новым годом, Лю Ви!

- С Новым годом!

- Будь здорова!

- И ты будь здоров!

- Ты выпила?

- Да. А ты?

- Выпил.

- Спокойной ночи, любимый!

- Спокойной ночи, любимая!

1997 год

2 января, Нью-Йорк

«Юный афганец хочет встретить особу женского пола той же национальности для продолжения рода»...

«Украинка 39 лет, очень симпатичная блондинка ищет обеспеченного мужа или друга, который сможет развеять чувство одиновества. (718) 891-3975»

«Утеряна золотая серёжка, умоляю вернуть за вознаграждение. Это память. (718) 891-0384»

«Андрей Родименко, позвони Татьяне. (718) 854-0934»

«Сергей Карцев из Львова ищет друзей и знакомых. (718) 356-0457.

«Кто попал к немцам в Володарске Житомирской области в июле 1941 и убежал в августе, отзовитесь. (718) 259-1830»

Ау, ау!.. Мы разбрелись...

КОРОТКИЕ РАССКАЗЫ

УТРЕННЕЕ МОЛОКО

Жить, конечно, надо. Надо, надо, надо! Но как? Если, например, молодая жена Галка хочет жить только по-своему, а ты по-своему. Если её с детства баловали как какую-то принцессу, а ты с малых лет подчинялся жёсткой воле родителей и мечтал только об одном: «вот выросту, женюсь на принцессе Галке, заживу»... И начало-то было, как задумывалось: вырос, женился. А она, Галка, оказывается, после всего не желает тебе подчиняться. Ты ей – стрижено, она тебе – кошено! Ты ей – «замолчи!» А она тебе – «сам замолчи!» Ты ей: «ты не любишь меня!» А она тебе: «это ты не любишь меня!» И ведь за все полгода совместной жизни ни разу не заплакала. Задерёт нос и уйдёт куда-нибудь. Вначале Гришка думал, что уходит она пожаловаться на него своим родителям или закадычным подругам своим. Оказалось, что нет: уходит за село и бродит там, между верб, и поёт. Бродит и поёт. Когда Гришка за ней проследил, то подумал, что она ждёт там какого-то принца, что, наверно, влюбилась... и опять ошибся – просто ходит там, красивая, и поёт замечательным голосом. Пока не выпоется, домой не идёт. А придёт, опять хочет жить только по-своему.

Взять, хоты бы, сегодняшнее утро: ещё темно за окном, ты, как всегда, собираешься в город, на рабочую смену – рассовываешь по карманам зажигалку и пачку сигарет. Всё! Больше тебе ничего не потребуется, потому что работаешь водителем хлебовозки – из еды брать с собой ничего не нужно, так как всё там для этого есть. Нет!

- Возьми с собой бутылку парного молока, - говорит сегодня утром эта принцесса Галка.

- Я же, Галчонок, тебе не раз говорил, что там, в пекарне, всё есть, - отвечаешь ты ей со всею любовью. – Что ж мне таскаться с этой бутылкой! Зачем?

- Чтобы весь день помнил меня! Возьми! Очень прошу!

- А я тебя прошу: слушай, пожалуйста, меня. Не возьму!

- Возьми!

- Не возьму!

- Вот и выходит, что ты не любишь меня! – говорит она на прощанье и, как всегда, задрав нос, хлопнув дверью, уходит в предрассветный мороз.

- Не вздумай на морозе петь! – заботливо говорит ей Гришка в след. – Заболеешь!

И вынужден с испорченным настроением вначале идти на станцию, потом трястись полчаса в вагоне пригородного поезда, потом весь день крутить баранку своей хлебовозки, развозить хлебобулочные изделия по магазинам, по барам, ларькам. В настроении, с которым и жить не охота...

Другая бы подумала, прежде всего, о муже своём, эта – нет! Всё по-своему, по-своему...

Глядя в синее окно вагона, Гришка стал представлять себе эту другую. Другую, но с лицом Галки. И с фигурой её... Вот, допустим, он едет сейчас, а эта другая покаянно бежит по перрону, машет ему ладошкой и плачет. Хорошая, беззащитная, милая.

Уже кончился станционный перрон, а она всё бежит и бежит... через заснеженные поля, через овраги и буераки. Бежит и машет рукой. И плачет.

Когда она, однажды споткнувшись, упала лицом в снег, Гришка вышел в тамбур покурить. Там курили ещё три мужика.

- Ты что это, парень, - плачешь? – спросил у Гришки один из них.

- Нет, - ответил Гришка, разгоняя сигаретный дым. – В глаз попало.

- А мне показалось – плачешь, - сказал ещё этот мужик.

- Да ну! – ответил Гришка, отвернувшись к застеклённой двери тамбура.

Но ему, в самом деле, было жалко ту, другую, упавшую в снег. Вот от такой он наверняка бы взял эту чёртову бутылку молока. Пусть даже пришлось бы её потом незаметно оставить на крыльце или у калитки... но бутылку эту он, конечно бы, взял. Чтобы не печалить любимую. Потому что такая жена думает о душевном состоянии мужа, который теперь едет на работу, жалеет его, а не уходит из дома, задрав нос...

- Возьми! - чуть ли не приказывает Галка. – Возьми!

Приехавшие в город люди толпою обходят её, а она, спрыгнув со ступенек впереди стоящего вагона, протягивает Гришке кулёк с бутылкой утреннего молока.

ШАЛОПУТ

Бывало, весной, летом и осенью, когда приходила пора сажать, пропалывать или убирать огород, бессовестный Павло к своему земельному наделу не выходил до тех пор, пока не видел через окно, что его скромница-соседка Верка уже вышла к своему. Вышла в косыночке или в белой панамке, или в вязаной лыжной шапчонке (всё зависело от сезона). Вышла и стала там бойко работать. Сажать ли, пропалывать или убирать... После этого выходил и Павло.

- Бог в помощь, Верка! – кричал он, бывало, через межу.

- Спасибо! – бывало, отвечала Верка.

- Как там наши дети? – кричал бессовестный Павло.

Верка, оторвавшись от работы, разгибалась и укоризненно качала головой.

- Бессовестный ты, Павло, - говорила она. – Не надоело дурака валять? Какие ж они наши, если рождены мною от мужа Серёжи?

- Тогда почему я их так крепко люблю? – улыбался Павло.

Верка, залившись румянцем, не отвечала. Потому как, во-первых, не знала, что сказать – он и правда любил и баловал гостинцами её обоих детишек, а во-вторых, надоел! Он ведь, завидев её, всегда и при людях кричит: «Как там наши дети?» Потому что бессовестный, просто дурак! Скоро тридцать уже, а дурак дураком. Или прикидывается. Друзей не имеет, не женится и только и делает, что пристаёт... С тех пор, как не стало Серёжи, когда муж Серёжа разбился в машине, одно и то же, как напасть: «как там наши дети? как там наши дети?»

Верка, сгорая со стыда, беспомощно смотрела на односельчан, что слышали всё это (мало ли что подумают?)... смотрела и не слышала от них ни слова в свою защиту. Они все только улыбались, стояли. Им всем нравился этот крепкий, здоровый Павло. Они его считали добрым и хорошим парнем. Молодые девчонки видели в нём своего будущего мужа, одинокие – бескорыстного помощника по хозяйству (где-то что-то, починить или дров наколоть, или...) А он – бессовестный и грубый. Опасный дурак...

Прошлой весной, когда зацвели в садах вишни и запели скворцы, когда каждая былинка на земле стала наливаться живительным соком, Павло остановил Верку на улице и, пристально всматриваясь в её молодое лицо, вдруг спросил:

- Что с тобой?

- А тебе-то что?

- У тебя же на лице повысыпали прыщи! – шёпотом, как какую-то тайну, сообщил ей он. - Ты хоть знаешь, от чего это?

- Знаю, - зарделась скромница Верка. - Аллергия на цвет вишен... Дай пройти!

Бессовестный Павло крепко взял её за плечи.

- Бедная Верка! – сказал. – Это же не аллергия, дурная... Тебе нужен мужик! Выходи за меня замуж!

- Дурак! У меня один муж – Серёжа! – выкрикнула Верка, вырвалась и убежала...

Теперь уже зима. Пятая зима со времени гибели Серёжи. За окном то падает снег, то вьюжит. Днём по пушистым веткам сада прыгают сороки, ночью от мороза стонут стены домов. И чистота окрест такая, будто всё на земле только родилось. И скоро-скоро Рождество Христово.

К Верке пришли с другого конца села отец с братом, закололи её кабана, осмалили, освежевали. Верка приготовила для всех жаркое с картошкой, поставила на стол бутылку белой и соленья; услала мужиков и детей умыться-причесаться; сама, ожившая, весёлая, румяная, впервые за все годы своего раннего вдовства принарядилась... Пересчитала тарелки на столе (пять!). Поставила шестую.

А бессовестный Павло решил уехать из родного села - с утра вывесил на свои ворота объявление: «Продаётся дом»

Дурак, он и есть дурак, думала Верка, напевая и набрасывая на плечи полушубок. Бессовестный и грубый!.. Ты ж ещё не знаешь, как я умею готовить, шалопут ты пропащий!

КАНИТЕЛЬ

Метель указывала путь: от самой станции мела к домам, по окна засыпанным снегом. Толкала в спину, гнала, гнала. Мимо дома Вакуленков, мимо дома Квитницких, мимо дома Кулиничей, по мостику через замёрзшую речку, мимо стонущих телеглафных столбов и дальше, дальше, дальше... У своей калитки Фёдор с нею расстался – метель помчалась вверх по улице, а он затоптался на месте. До половины закиданная снегом, калитка не открывалась.

- Надя! – крикнул Фёдор в глубь девственно-белого двора! – Надя!

И ещё безуспешно подёргал калитку.

Ему ответила метель:

- У-у-у! Вью-у! Ах-ах-ах!

И донесла крик Фёдора до двора Ивана Кряквы:

- Надя-а! – услышал Иван сквозь завывание ветра. – Надя-а-а!

Он, Иван, в телогрейке, в шапке-ушанке, деревянной лопатой расчищал от снега тропинку к своему сараю. Замер. Прислушался. Воткнул лопату в сугроб. Вышел на улицу.

- У-у-у! Вью-у! Ах-ах-ах! – ударила метель ему в лицо.

Согнувшись ей навстречу, Иван пошёл на безответный зов соседа...

Тот с силой толкал уже чуть-чуть подавшуюся вперёд калитку.

Рядом стояла, заметаемая снежной пылью, увесистая спортивная сумка синего цвета.

- ЗдорОво, сосед! – сказал Иван, согревая дыханием свои раскрасневшиеся ладони.

- Здравствуй, Ваня!

- Приехал?

- Приехал, - ответил Фёдор. - А войти в свой двор не могу. Ишь, забросало как!.. Ну-ну-ну, давай, открывайся! Вот же напасть!

- Да, - согласился Иван. - Канитель! С утра дует. А в городе как?

- Там тоже задуло.

- Зима! – сказал Иван. – Ждали, ждали и дождались! Закурить не найдётся?..

Оба долго прикуривали – пламя зажигалки задувало ветром: чирк-пшик! Чирк-пшик!..

Наконец закурили.

- А она, мне кажется, ушла, - сказал Иван, выдохнув сигаретный дым.

- Кто? – спросил Фёдор.

- Надя твоя. С утра ходила по селу со своей торбой, просила пропитания на дорогу.

- Шутишь?

- Почему шучу?

- Потому что в доме всё есть.

- Видать, не захотела твоего брать. Сам говорил, что честная... Ходила! Я и сам дал ей бутылку домашнего вина – захочет, обменяет потом у своих на всё, что пожелает! Вино в такую погоду - дорогая валюта! ..Все понемногу чего-то дали... Говорил тебе: не связывайся! Думал быть добрее остальных? А вышла моя правда – «сколько волка не корми...» Нынче этих нищих развелось... Всех жалеть – сам по миру пойдёшь! Пусть к государству идут, которое их сделало такими!

Фёдор молча докурил сигарету, бросил окурок в снег.

Не хотелось перед Иваном выглядеть убитым. Не хотелось выдавать своих, враз оборвавшихся мечтаний и надежд. Надежд на свою нужность кому-то и на предстоящее душевное тепло... Значит, снова одиночество. Снова ожидание эфемерного чуда... Которое теперь, пожалуй, не придёт.

- Жаль, - сказал он сухо. – Жаль! Хех!.. А я купил ей, представляешь, платье... Думал, до весны пусть поживёт, а я тем временем всё оформлю, улажу...

- Больше думать не надо! – сказал Иван, докурив до конца сигарету. – Ушла!.. Недолго музыка играла! Идём ко мне – я утром откупорил бочку свежего вина, продегустируем!..

***

До поздна канителила метель - душа оголодавших нищих. Стонала, скулила и выла. Стучалась в тёплые окна благополучных людей. Бежала по сельским улицам и по полям - в далёкую и сумрачную даль...

И так же долго пели песни подвыпившие Фёдор с Иваном. Вначале в доме у Ивана, потом - на вьюжной улице... Шли, обнявшись, и пели:

«И в снег, и в ветер, и в звёзд ночной полёт

Меня мое сердце в тревожную даль зовёт»

Умолкли у калитки Фёдора.

- Я обещал тебе ф-фокус? – спросил Иван у Фёдора, хватаясь за его калитку..

- Обещал! – сказал Фёдор.

- Ну и всё! – сказал Иван. – Сказано - сделано! Смотри!.. Ты не мог войти в свой двор. Так?

- Так! – согласился Фёдор.

- Знаешь, почему?

- Знаю. Потому что калитку заб-бросало снегом.

- Ответ неправильный, как говаривал наш брат в каком-то фильме! Ты не мог отворить свою калитку, потому что спешил к своей Наде. Ты хотел приподнести ей новое платье. Правильно я говорю?

- Правильно.

- А теперь, когда она преспокойно смылась и спешить нам некуда... Смотри: рррраз!

Иван, раскачав калитку, снял её с петель.

- Прошу! – сказал он.

- Ура! – крикнул Фёдор. – Ты, Ваня, прелесть!.. – и заозирался. – Теперь, раз так, может, подскажешь, куда подевалась моя сумка?

Иван прислонил снятую с петель калитку к забору, стал думать:

- Сумка, сумка, сумка!.. А она была?

- Вот тут стояла.

- Помню. Да. Стояла. Такая синяя?

- Синяя. Сумка ещё одного обнищавшего субъекта... Такая синяя-синяя.

- Кажется, я знаю, где она, - сказал Иван, выходя из задумчивости.

- Где?

- Ты иди к себе, я её сейчас принесу! – Иван двинулся назад, к своему дому. - «Нам некого больше любить! – запел он. - Ямщик, не гони лошадей!!!»

***

Когда Иван, по одинокому глубокому следу в заснеженном дворе, с синей сумкой в руках, пришёл в дом Фёдора, то увидел в щедро освещённой комнате старательно накрытый закусками стол – на тарелках скудными ломтиками нарезанное сало, три солёных огурца, два помидора, три картошки в мундирах, очищенная от шелухи одинокая головка лука и... его, Ивана, бутылка вина посередине.

Фёдор, прижав палец к губам, стоял у дивана, где, укутавшись в клетчатый плед, сладко спала восьмилетняя девочка Надя.

ВЬЮГА

В трёхдневном завывании вьюги за окном звучала беспросветная тоска и усталость. Так же, как и в монотонном поскрипывании маятника старых ходиков на бревенчатой стене. Тоска и усталость. Тоска и усталость.

А Маруся проснулась бодрой и счастливой.

- Мамочка родная! - радостно охнула она, открыв глаза.

И, торопливо задув оплывшую за ночь, почти сгоревшую на блюдечке свечку, переполненная любовью, в одной сорочке весело подбежала к замёрзшему окну. Постояла там, подышала на стекло; в образовавшейся проталине увидела бегущую по улице предрассветную снежную муть. Снежную, холодную, с длинными змеиными хвостами...

- Мамочка родная! - прошептала счастливая Маруся.

Обесточенное непогодой село, без единого огонька, казалось мёртвым. Далеко-далеко, чёрные на белом, шевелились в этой мути какие-то точки. Вначале - одна точка, потом - вторая, третья... По мере приближения, Маруся насчитала их восемь... Собаки. Свадьба. Впереди - рыжая невеста, за нею, цепочкой, семь разномастных женихов. Все с горячими языками почти до земли, с искрами надежды в бессонных глазах. Промчались под песню вьюги, под танец вихрей, под звон морозных бубенцов.

- Мамочка родная! - опять прошептала Маруся, - и бегом возвратилась в постель. - Фе-дя! - окликнула она спящего мужа. - Фе-дя! Утро скоро уже, просыпайся! Фе-дя! Фе-дя!

- А? - сонно откликнулся Фёдор.

- Утро скоро уже, просыпайся!

- Какое утро? - удивился Фёдор. - Маруся, ты что? Только ж легли!

- Мне тоже так показалось! - рассмеялась Маруся. - Свечку даже погасить не смогли! Так и до пожара долюбиться недолго - свечка, смотри, почти что сгорела!

- Ну, это не проблема! - горячо обнимая её, сказал Фёдор. - Мы другую зажжём!..

Вьюга - перенос ветром снега с поверхности земли. Возникает при сухом снежном покрове и скорости ветра 5-6 и более метров в секунду. Иногда перерастает в неистовый буран... срывающий крыши.

ТРИ СЕСТРЫ

Пожалуй, такие звёздно-морозные и тихие ночи бывают только на Крещение. Когда люди, с надеждой на лучшее, по-разному и каждый по-своему, угадывают свою долю, а заснеженные крыши сельских домов кажутся привязаными к небу белёсыми шнурками печных дымов. И когда всему живому слышится только то, о чём мечтается. Хрустнет, например, под чьими-то ногами синий снег за окном, и тем, что в доме гадают, уже чудится, что это крадётся к ним долгожданное счастье. И каждому не терпится взглянуть на это счастье хоть краешком глаза. Из-за занавески. Осторожно раздвинуть две накрахмаленные створки белоснежного ситца и взглянуть...

Можно в такую ночь гадать на кофейной гуще (если в доме имеется кофе) - налить в чашку круто сваренный чёрный напиток, выпить его и посмотреть на то густое, что осталось на дне. Там может быть нарисовано всё, что душе угодно, - лебедь или голова лошади, чей-то нос или глаз, козьи рога или коровий хвост - смотри и разгадывай, что бы это могло означать для тебя лично... Можно сильно помять чистый листок бумаги в руке, потом положить этот комочек на тарелку, поджечь его (если не боишься пожара), выключить в комнате свет; тарелку с горкой оставшегося пепла на ней поднести к белой стене комнаты и подсветить её огнём зажжённой свечки - всё, что покажет тёмная тень на стене, и будет твоим будущим...

Сёстры Бузулуцкие в такую ночь гадали на книжке Чехова «Сочинения, том пятый, 1886» В ней, в этой книжке, выбранной девчонками для гаданий, на названной наугад Дашей странице номер 181, девятая строчка сверху, было напечатано: «И, недолго думая, эксцентричная девушка сбросила с себя эфирные одежды и погрузила прекрасное тело в струи по самые мраморные плечи».

Такого удара в святую гадальную ночь никто из трёх девчонок никак не ожидал. На всё, что угодно, надеялись, только не на такое срамное. Надеялись на дарованное Свыше веселье, на подарки всякие в новом году, на игрушки... Даже, хоть и маленькие, предполагали любовь. Но такого бесстыжего поворота в крещенском гадании ожидать никак не могли: «И, недолго думая, эксцентричная девушка сбросила с себя эфирные одежды...» - написал Чехов в своём рассказе «Роман с контрабасом» (Сочинения, том пятый, 1886;страница номер 181, девятая строчка сверху)... Им, маленьким девчонкам, не следовало для гадания выбирать взрослую книжку. Им, безгрешным, нужно было выбрать какую-нибудь добрую сказку... Но дело сделано. Значит, такая у них теперь доля. Нехорошая. Вот они сразу и перепугались. И первым делом онемели.

Вначале онемели недоуменно. Потом - тревожно. Испуганно. Как-никак, гадалось на весь предстоящий год. Значит, всё это, несусветное, могло длиться и длиться у того, на кого гадали. Бесконечно долго длиться. Может, до следующего Крещения. А это же стыдно. За такое не похвалят ни в школе, ни дома. От такого лучше сразу умереть...

А поскольку гадали они на Дашу, потому что она была старшей из трёх сестёр (десять лет) и именно она затеяла эти гадания, то остальные две, в длинных до пола ночнушках, устремили свои перепуганные взоры на неё.

В наступившей тишине громко стучали три родных детских сердца: «ту-ту-тук! ту-ту-тук! ту-ту-тук!»

На Дашином личике проступили красные пятна.

- Мама! - вскрикнула она. - Получается, что я весь год теперь буду раздетой ходить?

- Голой! - поправили её младшие сёстры. - С мраморными плечами!

- Ты будешь целый год голой ходить, - неожиданно заплакала младшая Дуня. - С мраморными плечами всем напоказ!..

Пожалуй, таких страхов, как в первую в жизни гадальную ночь, придумать для верующих скромных девчонок просто невозможно. Ведь тут же каждая мелочь, каждый случайный штришок может безоговорочно исполниться, потому как всем известно, что крещенские гадания говорят только правду. И что потом делать, когда всё случится?

- А как в школу ходить? - запаниковала старшая Даша. - Как по дому работать?

- В струях! - пискнула сквозь слёзы младшая Дуня. - Тут так написано: « в-стру-ях», - по слогам прочитала она, и, оставив книжку в руках Вари, в панике шмыгнула к своей кроватке, юркнула под одеяло.

И каждая, по-своему, сразу представила эти карающие струи: струи, струи, струи... Куда ни глянь, - всё они и они. Как наваждение, как гром среди ясного неба!

- Под дождём, что ли будешь ходить? - попыталась бесстрашно засомневаться средняя Варя. - Целый год, что ли, дождь будет лить? Так не бывает. Неправда!

- Правда-правда! - высунула из-под одеяла распухший носик младшая Дуня. - Она теперь целый год будет работать в струях пота! - и опять исчезла под одеялом.

Варя посмотрела в сторону её кроватки. Там было пусто.

- Голая, что ли, будет работать? - даже чуть насмешливо спросила она пустоту и перевела взгляд на обречённую Дашу. - Голая в струях пота будешь работать?

Подобное даже представить, и то было жутко.

Старшая Даша инстинктивно прикрыла руками то место, где у взрослых девушек бывает упругая грудь.

- Мама родная! - ахнула она. - Надо открыть другую страницу! Надо быстро открыть другую страницу! Варя, давай откроем другую страницу!

- Нельзя! - всхлипнула в своем укрытии невидимая сёстрам Дуня.

- Дашенька, родненькая, не надо!.. Там может быть ещё страшнее!..

А небесные звёзды, ухватившись за шнурки печных дымов и весело играясь в морозном воздухе, поднимали сельские дома всё выше и выше. Всё выше и выше. Наверно, хотели показать их самому Господу Богу.

ПЕРЕПЁЛКА

Для сельского жителя, пожалуй, самой лучезарной порой года является зима. Тело отдыхает от праведных трудов весенне-осеннего сезона, а душа начинает припоминать, что она принадлежит не вьючному животному, а человеку. Человек, правда, этого ещё не осознаёт в полной мере – всё ещё видит себя на изнурительном сенокосе за селом или изнывающим на ежедневных огородно-дворовых работах. Рука ещё непроизвольно тянется ко лбу, чтобы утереть с него обильный пот, а остальное тело и душа настойчиво влекут к другому...

Сегодня в пять утра они (душа и тело) повлекли Степана в осенний автобус междугородного сообщения. Он, Степан, лёжа в постели, посмотрел-посмотрел на голубые хлопья снега за предрассветным окном своей комнаты, подумал немного и... на ходу впрыгнул в автобус красного цвета, облепленный желтыми листьями.

И сразу услышал голосок, от которого посветлело в глазах:

- Напиши мне, напиши! – кричала девушка в окно кому-то на уплывающем перроне, и торопливо водила пальчиком по стеклу в дождевых струях.

- Хорошо! – сказал Степан, усаживаясь рядом. – Хорошо, хорошо!

Подтянутый, в армейском обмундировании без погон, он не произвёл на девушку желаемого впечатления.

Она брызнула в него синевой своих глаз и, снова повернувшись к окну, ничего не сказала.

Но Степан почему-то знал, что она ещё обязательно что-то скажет. Ему этого хотелось. Он мечтал, чтобы она хоть что-нибудь да сказала. Потому что её птичий голосок, после стольких дождей, обогрел его душу: так бывало уже – грохот взрывов на чужой земле, гортанные крики иноверцев, выстрелы, боль, предсмертная тоска и ты вдруг слышишь эти родные птичьи голоса. Слышишь и дышишь. Слышишь и дышишь. А они поют и поют. Поют птицы, и ты, босоногий, бежишь с удочкой к речке... И все голоса медсестричек и женщин-врачей, что потом прозвучали над тобой, прицельно раненым пулей, казались голосами этих чудо-пташек: «Держись, дорогой, всё пройдёт, всё пройдёт! Не смертельно!»

- Напиши мне, напиши! – крикнула она ещё раз в закрытое окно автобуса.

Потом уже, когда автобус выехал за город, она обернулась и, разглядывая Степана во все свои голубые глаза, неприязненно спросила:

- Что «хорошо»? Вы сказали: «хорошо». Чего же хорошего? Люди прощаются, а вы: «хорошо»!

- Всё пройдёт! – ответил он, подмигнув.

- Нет! – сказала она. – Не пройдёт!

- Не пройдёт, если ранение смертельное, - сказал он. – Если наповал! А если царапнуло, обязательно пройдёт.

Теперь, глядя на хлопья снега, что летели за окном, Степан понимал, что говорил тогда ересь. Постыдную ересь много пережившего, возомнившего из себя невесть что, пустопорожнего словоблуда. А у неё, может, правда, в то время была какая-то любовь, и не его это было дело. Но он возвращался в тот день домой после долгого лежания в госпитале, и ему хотелось слушать её птичий певческий голос...

- Тебя как зовут? – спросил он, прощаясь перед своей остановкой.

- Аня, - пропела она.

- От моего села Дыдымки до твоего города, Аня, ещё три с половиной часа езды, - сказал он туманно. – Даже, если выстрелить прицельно, пуля до тебя не долетит... Спасибо за знакомство. А я - Степан. Прощай, перепёлка!

Поднялся с сиденья, глянул на ручные часы и, прихрамывая, вышел в осеннюю ночь.

А она на него долго недоумённо смотрела. Словно только проснулась. Смотрела, как он, сильно хромая, шёл к выходу, как осторожно спустился вниз.

- Дыдымки? – переспросила она.

Но Степан её не услышал.

«Если успею пересчитать листья на её окне, - подумал он тогда, провожая взглядом автобус и её, неожиданно запорхавшую в тёплом свете ладошку. - Если успею пересчитать...» И не успел – мелкий дождь опавшими листьями облепил почти весь осенний автобус, что долго ехал вдоль гряды придорожных пожелтевших деревьев.

- Напиши мне, напиши! – врезался в память птичий крик, обращённый ею к кому-то на перроне автовокзала...

Степан тихо встал с кровати, постоял над сладко спавшей женой, бережно прикрыл одеялом её оголившееся плечо, неслышно натянул на себя брюки, рубаху и, осторожно ступая, вышел в другую комнату. Включил свет. Разыскал на этажерке тетрадь и авторучку. Сел за стол и, не раздумывая, написал: «Сейчас полшестого утра. Скоро автобус в райцентр. А я вспомнил, что сегодня ровно двадцать лет с тех пор, как мы вместе. Уезжаю за шампанским. Буду обратным рейсом. Жди меня, перепёлка!»

КУЛ-ТЫК

Никому ненужная девчушка Огородникова Светка в день большого снегопада узнала, что ей, оказывается, нужны все. Она – никому, а ей - все. И те, кого снег оглушил в холодном городе, и те, что смотрят на зиму через окно в далёких деревнях и сёлах. Все-все-все ей нужны. Потому что они называются малоимущими и обездоленными. Идёт, например, по городу одинокая старушка с палочкой в руке. Идёт, ковыляет: кул-тык, кул-тык, кул-тык... Снег идёт, люди радуются; в витринах магазинов выставлены напоказ всевозможные сладости, апельсины, ананасы, мандарины и копчёные кушанья; шубы из шкурок симпатичных зверьков и модные пальто с хитрыми лисьими воротниками; на площадях уже стоят высокие ёлки, их, забравшись в корзины механических подъёмников, украшают рабочие электрическими гирляндами и разноцветными шарами. А одинокой старушке до всего этого нет никакого дела – она малоимущая и обездоленная. У неё нет даже варежек на озябших руках, а на ногах – избитые временем, совсем старенькие сапожки с изъеденными тротуаром каблуками. Кул-тык, кул-тык, кул-тык... И никто из моря прохожих даже не подозревает, что эта старушка ещё лет пятнадцать тому была всеми любимой и уважаемой учительницей и все её называли только по имени-отчеству. Что, растратив свою жизнь на ученье других, сама она теперь осталась в одиноких старых дурах, на которую и смотреть проходящим мимо людям не хочется. Кул-тык, кул-тык, кул-тык...

Или сидит на деревенском подоконнике маленький мальчик. Сидит, смотрит через окно на заснеженную улицу, по которой бегают с санками весёлые дети. А он с ними бегать не может, так как, делать это ему не в чем - нет у него целых ботиночек, нет тёплой куртки. И ёлку с игрушками ему тоже никто не подарит – его семья, как и городская старушка, - малоимущая. Кормиться-то кормится тем, что вырастила летом в огороде, а вот купить что-либо детям не может – невозможно заработать на эти дела, нет у отца с матерью никакой денежной работы в селе. Нету, и всё. Воля вольная! Раньше были какие-то огромные общие фермы и тракторные бригады, как говорят мальчонке родители, на работу людей просто выгоняли, а лентяев позорили и грозились им даже всенародным судом. А теперь всё, что позволяло сельским людям жить по-людски, проглотили богатые. А ты сиди на своём подоконнике и сиди. Хочешь, плачь; хочешь, строй рожицы всем тем, кто пробегает за окном в дикой радости – никому до этого нет никакого дела...

Только Огородниковой Светке, как оказалось, это небезразлично. То, что безработный её отец-инженер каждую субботу бегает на площади митинговать и кричать там до хрипоты: «Пойду работать хоть дворником! Дайте работу! Долой толстопузов!» - это не важно. И то, что мать-библиотекарша с утра до ночи моет в соседних подъездах полы, - тоже не важно. И даже то, что им, обоим, не до собственной дочки - тоже не важно. А важно, что в день большого снегопада в дверь квартиры позвонили и улыбчивая девушка в меховой куртке с порога спросила:

- Ты Света Огородникова?

- Да. А что?

- Тебя нам рекомендовали в домоуправлении. Говорят, ты хорошая и примерная, честная... Сколько тебе лет?

- Сегодня тринадцать. А что?

- Ну, совсем девушка! Хочешь людям сделать добро?

- Каким людям?

- Малоимущим, бедным. Например, ходит по холодному городу бабушка с палочкой в руке: кул-тык, кул-тык! Снег идёт, подмораживает. А варежек у неё нет и сапожки на ногах совсем некудышние, старые. Или в какой-то деревне мальчик сидит на подоконнике и не может выйти на улицу, побегать с весёлой детворой, потому что не в чем... Хочешь им помочь?

- Я не знаю... А как?

- Очень просто. К нам, в благотворительный фонд, перед Новым годом, хорошие люди прислали много разных, слегка поношенных вещей и игрушек. Мы их все рассортировали, упаковали в посылки, а разнести их по всем адресам и по почтам не успеваем. Поможешь?.. Если согласна, вот тебе адрес. Скажешь, Людмила прислала. Впрочем, здесь всё написано... Удачи тебе и спасибо!

***

И эта ласковая девушка в меховой куртке, и её визитная карточка с именем и номером телефона, и от руки написанный на ней адрес, куда надо прийти, и большой красивый снегопад за окном, и, главное, - возможность помочь ещё более обделённым жизнью, чем ты... Всё это вмиг изменило настроение грустившей честной Светки, обогрело, взбодрило. Она быстро обулась, оделась и в хорошем настроении сбежала по ступенькам лестничной клетки вниз.

В заснеженном дворе дома её окружили девчонки:

- Огородникова, ты куда?

- Делать людям добро!

Девчонки рассмеялись, а Светка, от неожиданного для самой себя, совсем взрослого ответа, почувствовала вдруг, что она уже большая-пребольшая, красивая девушка, и что идёт она сейчас туда, куда этим благополучно-смешливым пигалицам ещё рано ходить.

А домА родного города, а тротуары, а улицы, машины и троллейбусы на них - всё в белом! Даже вороны, неподвижно застывшие на верхушках высоких деревьев, побелели. Потому что предновогодье теперь и идёт большой-большой снег. И гордая собою, красивая, нужная всем девочка Света идёт и ловит руками, подаренные небом, снежинки:

> Пусть будет что-то бесконечным,
>
> Пока я есть, пока жива,
>
> Пускай горит моя душа
>
> Огнем сияющим и вечным!

Пускай любовь найдет меня!

И всё в этот день было бело-прекрасным, всё плохое забылось — тринадцатилетняя Огородникова Света шла делать людям добро...

БЕЛЫЙ ДЕНЬ

С первым снегопадом, когда ветки садов мягко запушистились зимним убранством, когда на всю белую округу радостно вскрикнул утренний поезд и ранние люди, приехавшие из города, протоптали от станции до села первую голубую тропинку, в окно бабушки Егоровны кто-то постучал... Раз постучал, второй...

Бабушка по ту сторону окна раздвинула занавески, отшатнувшись, постояла там недоумённо, подслеповато пощурилась. Исчезла в глубине комнаты. Появилась снова, в очках. Ей из рамы окна улыбался незнакомый городской человек в бобровой шапке с проблесками инея на ней. Бабушка снова исчезла и появилась уже на крыльце. Скрипнула входной дверью и молчаливо появилась. Как мышка из норки. Заморгала жидко-голубыми глазами, во много раз увеличенными стёклами очков.

- Доброе утро! – сказал ей городской человек.

Бабушка молча кивнула.

- Я смотрю, всё село затопило печи, а над вашей крышей нет характерного дымка, - сказал городской человек в бобровой шапке, по-прежнему улыбаясь. – Вы ещё не топили?

Бабушка Егоровна потопталась на месте, отрицательно качнула головой.

- Замечательно! – сказал городской человек, ставя в угол крыльца свой портфель. - Тысячу лет печь не топил! А тут вижу из вагона – Бог ты мой, всё запорошенное снегом село в чУдных столбиках дыма!

Так и защемило, и повлекло в незабвенное детство! Неудержимо! Несказанно! Бесповоротно! До боли в сердце! До зуда в руках!.. Дайте ключ от сарая!

Обескураженная его дивной речью и деловым напором, бабушка Егоровна поспешно исчезла за дверью и юркнула к иконе Божьей матери, что висела в углу её чистенькой светёлки. Упала на колени, истово крестясь, стала молиться.

А городской человек, немного подождав её на крыльце, вошёл в сени, снял с головы бобровую шапку, повесил её на вешалку, потом — пальто; пошарил по стенам глазами, сорвал с гвоздя висевшую на нём связку ключей и ушёл к сараю...

Когда лицо бабушки снова осторожно выглянуло из-за занавески на её окне, со стороны дровяного сарая уже во всю неслись звенящий стук топора и треск раскалываемых поленьев. А от калитки к дому бежала засидевшаяся в девках молодая соседка Варька. В накинутом на плечи белом полушубке, с непокрытой головой. Бежала, бежала, бежала...

- Бабушка Егоровна, - запыхавшись, спросила она, влетев в дом, - кто это?

Бабушка пожала плечами.

- Кабы б знать! – потеряно ответила она. – Постучался.

- Не из вашей родни?

- Нет.

- Чудеса! – сказала молодая соседка Варька. – Я видела, как он шёл со станции. Вначале постоял у забора одного дома, потом у забора другого, у третьего... Хорошо одетый, высокий, ладный, городской! И всё смотрел и смотрел на печные дымы, что вились над крышами, и дышал так ненасытно, будто ему не хватало морозного воздуха. А как свернул к вашему дому, подумала, что, может, кто-то из вашей родни приехал. Нет?

- Нет, - сказала бабушка, подперев кулачком подбородок.. – Откуда? Будто не знаешь! Стала бы я тебя когда христом богом молить, будь у меня хоть кто-то!.. У меня из родни – я одна.

Варька ухватилась за непокрытую голову, растрепала рыжие волосы.

- Вот и я думаю! – не то испуганно, не то радостно сказала она. – Чудеса!.. Думаю, откуда у вас вдруг такая родня! Значит, чужой... Боже ж ты мой! Что делать-то будем, а? Бабушка Егоровна, что будем делать?

Сверкающие всепоглощающим любопытством глаза раскрасневшейся молодой соседки Варьки, её долгожданный приход и её же полная зависимось от того, что она сейчас услышит в ответ, вернули бабушку Егоровну в покой заснеженного белого дня за окном... В родной двор, где со звоном стучал послушный сильным рукам колун-топор и посреди которого, вытянув шеи, кудахтающей стайкой чутко застыли разноцветные куры – чёрные, рябенькие, красненькие... В дом, где она была полноправной хозяйкой.

- А тебе-то что? – спросила она, оживая. - Месяцами тебя не докличешься, соседку такую, а теперь... Тебе-то что?

- Как же ЧТО?! – Затараторила молодая соседка Варька. - А как зарезать вас захочет потом? Сколько их теперь шляется по свету таких, бесприютных!

- Раз! Раз! – донёсся со двора бодрый голос нежданного гостя-дровосека. – Раз! Раз! – Он, похоже, там во всю разошёлся.

Ожившая бабушка Егоровна, не то от его хозяйского голоса, не то от заполошной скороговорки Варьки-соседки невольно вздохнула. Вздохнула успокоенно, легко.

- Угу! – сказала она с лёгкой насмешкой. – Сколько их, таких высоких, ладных, городских... о которых ты с детства мечтаешь!.. Не зарежет. Я помолилась... Может, Бог его мне и послал, коли вам всем до меня нет никакого дела – в магазин и то порою не допросишься сходить... куркули. Шла бы ты, Варька, домой – как-нибудь обойдёмся без рыжих! Я теперь не одна! Я теперь, если хочешь знать, - размечталась бабушка Егоровна...

С заснеженного двора, со стороны сарая, где ладный горожанин колол дрова, послышалась песня. Слегка приглушенная небольшим расстоянием и двойными рамами окна, но живая, привольная.

Молодая соседка Варька предостерегающе глянула на бабушку Егоровну, замахала на неё руками. Обе помолчали, послушали:

Выйду на улицу – солнца нема,

Парни молодые свели меня с ума.

Выйду на улицу, гляну на село, -

Девки гуляют, и мне весело.

Варька остудила ладонями свои пылающие щёки.

- Я сейчас! – сказала, не дослушав песни до конца. – Хлеб купить? А колбасу мягкую, какую любите? А мыло есть ещё у вас? А манная крупа?

И, застегнув на все пуговицы свой полушубок, убежала, громко хлопнув дверью в сенях.

Личико бабушки Егоровны снова появилось в окне. Внимательно понаблюдало за бегущей к калитке девушкой Варькой. Бегущей, бегущей, бегущей!.. Прислушалось, повернувшись бочком... Сухонькая ладошка нетерпеливо приставилась к уху:

А теперь под вечер аж пятки горят,

Ноженьки резвые в пляску хотят.

Я пойду на улицу, к девкам пойду,

Голосом звонким я им подпою...

НЕНАСТЬЕ

Это так просто - думать о чём-то хорошем, если природа шлёт напасти на голову человека, бредущего в ночи. Исключительно о хорошем. Ничто другое не может обогреть озябшую от одиночества душу. Ничто-ничто. Ни желтизна городских окон по обе стороны опустевшей улицы, ни свет под дождём осенних фонарей, ни перспектива предстоящего ночлега у единственно родной тётки Вали... ничто! Только мысли о хорошем. Как в эту вот ночь: природа всё слала и слала на голову одинокого прохожего холодный долгий дождь, а он, втянув голову в воротник армейского плаща, думал и думал о хорошем...

И пусть эти мысли были чуть выспренними и одновременно наивными, но они идущего под дождём согревали.

Например, вот за этим окном, наверное, живут очень счастливые люди – их подоконник весь в комнатных цветах. Она, хорошая, теперь, поди, стелет общую постель, а он, любуясь ею, говорит: «Какое счастье, Света (Люба, Катя, Надя)! Какое счастье в эту осеннюю хлябь за окном ощущать у нас в квартире непроходящую весну в цветенье!» Мол, ты – моя весна! И с тобой, вот такой, осень никогда сюда, к нам, не войдёт!

Или вот за этим застеклённым балконом, где видны подвешенные на гвоздях связки лука и чеснока... там, похоже, живут повидавшие виды добрые запасливые старики. Дед сейчас, возможно, удовлетворённо кряхтя, сидит напротив своей бабки... и они, каждый в своём тазике, парят перед сном ноги. «Завтра сварю нам борщ!» - обещает разомлевшая бабка. И дед ей игриво подмигивает: «Красный?» - спрашивает он. «Нет, - отвечает бабка. - Твой любимый – золотой!»

Или этот вот, с детства знакомый клён, где ты когда-то с нетерпением ждал синеглазую девушку. Понурый, старый, полуоблетевший клён... Он же через несколько месяцев вновь оживёт, и под ним, цветущим, снова скажутся чьи-то слова: "Какое счастье, Света (Люба, Катя, Надя)! Какое счастье видеть тебя!"

И от этих мыслей прохожему чудятся звуки невидимой скрипки. Ненастная осень, ночь, всхлипы дождя... и звуки скрипки. Может, правда, кто-то играет за одним из окон – готовится к завтрашнему выступлению какая-нибудь молодая скрипачка или маститый скрипач. А может, просто чудится нежная музыка.

- О, привет! – говорит прохожий в армейском плаще, и останавливается.

Перед ним, посреди тротуара, столбиком стоит промокшая до костей белая болонка с красным бантом на шее. Её умоляюще приподнятые передние лапы дрожат.

- Ты что тут делаешь? – спрашивает прохожий, поозиравшись по безлюдным сторонам. - Заблудилась?

Болонка неподвижно стоит на задних лапах, дрожит и безнадежно молчит.

***

- Боже ж ты мой! — всплёскивает руками крикливая толстуха тётка Валя, открыв Фёдору дверь. И прикрывает пухлой ладонью громогласный свой рот. — А ещё называется майором! Это что же такое? Зачем?.. Ты же знаешь, как я не люблю комнатное зверьё — шерсть, вонь, изгрызенные туфли и мебель! Выбрось за дверь!

- Это только на одну ночь, тёть Валя! — спокойно и непреклонно говорит Фёдор-майор, поглаживая по голове прильнувшую к его груди болонку. — Она потерялась, не смогла под дождём унюхать хозяйский след. Утром дождь, надеюсь, прекратится и она благополучно доберётся до своего дома.

- Он надеется! Он надеется! А если дождь не пройдёт? Ты завтра уедешь, а мне что делать с этой животиной - она же меня покусает!?

- Дождь обязательно пройдёт! - говорит Фёдор, лаская ладонью спасённую болонку. - Ты, тёть Валь, не волнуйся – дождь обязательно пройдёт, я это знаю наверняка! Об этом пела мне скрипка.

- О Господи! - закатывает глаза тётка Валя. - Начинается!.. Скрипка! Об этом ему, видишь ли, пела какая-то скрипка! Ты знаешь, Фёдор, я никогда не верила, что ты, вечный телёнок, где-то там ещё и лётчик какой-то! Никогда! И теперь не верю!.. Выбрось псину за дверь!

- Её, тёть Валь, нужно чем-то покормить – она целую вечность простояла на задних лапах под холодным дождём! И хозяйка её теперь, наверно, где-то плачет – может, скрипачка, а может, просто солнечная душа – видишь, бант какой на шею ей повязала!

***

При погашенном свете, угревшись у порога под пледом, болонка с красным бантом на шее всё пыталась во сне о чём-то рассказать Фёдору и его тётке Вале – повизгивала и жалобно негромко потявкивала.

Тётка Валя в темноте миролюбиво спросила:

- Где ж ты ночью ходил?

- По дорогим сердцу местам, - ответил Фёдор со своей раскладушки. – Прощался. Я, тёть Валя, в наш город теперь не скоро приеду – переводят в очень далёкую часть.

- М-м!.. С друзьями хоть повидался?

- Нет. А зачем? Они ведь, как и ты, считают меня вечным телёнком! Что им небо, когда они, мои дорогие бизнесмены, благополучно присосались к жирной земле! И что им служба, если она не на пользу лично себе!

Помолчали, слушая грустные бредни болонки.

- Даже со Светкой не видался? – осторожно спросила тётка Валя.

- Нет.

Тётка Валя вздохнула.

- Сирота ты моя, сиротинушка! – сказала она. – Никому не хочешь быть в тягость!.. А вот, может, Светка на этот раз за тобой и поехала б – всё ж не лейтенант теперь, а майор в тридцать лет!

- Я, тёть Валя, дважды не зову!

Ещё помолчали. Долго...

- Ты не обижайся на меня, Федя, за телёнка, - всхлипнула тётка Валя потом. – Я ж такая... ты с малолетства знаешь меня – это всё от любви!.. И лётчик ты, конечно, лучший из лучших!.. Спасибо, что хоть на денёк заглянул! И за деньги, что присылаешь, спасибо – трудно жить нам теперь, старикам... Особенно таким, как я – одиноким... Очень трудно!.. А скрипачка твоя, может, и правда собаку свою завтра найдёт – может, дождик пройдёт и, в самом деле, на небе появится солнце!

Фёдор не слышал её – он, как и болонка с красным бантом на шее, согревшись, сладко спал под шум осеннего дождя за окном.

ПРЕДТЕЧА

Осень пришла тёплая и нарядная – утром и днём с красным солнцем в голубом высоком небе и с жёлтыми листьями в притихших садах, а вечером - с полно-розовой луной среди россыпи звёзд и с грустными песнями трёх девчонок-невест за деревенской околицей...

Утром и днём девчонки-невесты ничем не отличались от всех деревенских замужних - кто в белой косыночке, кто в соломенной шляпе, кто в пилотке, сооружённой из районной газеты, -все они привычно копошились в родительских дворах и огородах, убирали неубранное, прибирали неприбранное. А вечером преображались. Вечером смотрелись в зеркала, причёсывались, прихорашивались и преображались. И убегали за околицу. Так было заведено издавна, испокон веку – невесты этой деревни, перед тем, как стать жёнами, убегали туда, за околицу. Как бы погрустить и попрощаться с девичьей жизнью. Когда-то давно - да, погрустить. А теперь - только «как бы». Потому что каждая своей долей в эти вечера была беспредельно довольна и собою гордилась – не те времена, когда девчонок выдавали замуж насильно, да и девчонки нынче не те.

Веру Кочкину, например, уже месяц по утрам подташнивало и непривычно влекло к солёным огурцам. Её же это не только не угнетало, а, наоборот, несказанно бодрило: значит, плодоносная, и с этим делом в её будущей семье никаких проблем не предвидится. А то как ведь бывает? Сходятся по любви - жить друг без друга не могут, а детей нет и нет - ни врачи, ни местные бабки-колдуньи помочь не могут. ОН начинает пить и драться, а ОНА терпит, проклиная весь свет... Пока не разводятся. Пока прежняя красавица не становится никому ненужной заезженной клячей...

А Василина Крикалёва от своего преданного Петьки уже сделала даже аборт. Считает, так заманчивей будет, когда оженятся, и желанней ему. Пусть знает, что не всё только от него в этой жизни зависит! Что в их будущей семье она никогда не станет бессловестной кулёмой... Хочешь детей - заслужи!..

Только Галя Лаврушина, из сегодняшних трёх деревенских невест, чьи свадьбы сыграются этой осенью, только она одна ещё не изведала постельной любви. И сама себя стеснялась, когда думала о ней: «Как это?» «Что это?» «Боже ж ты мой!..»

И не успеешь вот так размечтаться, а золотой день вместе с работой уже позади. Щедро светит луна в окружении своих верных подружек звёзд. И девчонки, взявшись за руки, по древней деревенской традиции ходят за околицей и поют печальную песню:

« То не ветер ветку клонит,

Не дубравушка шумит, -

То моё, моё сердечко стонет,

Как осенний лист, дрожит...»

И все этой «как бы» печали радостно верят: и сами девчонки верят, и их родители верят, и жители милой сердцу деревни верят. Как верят и в то, что у них, у этих трёх, у хороших, новая жизнь будет счастливой... Дай-то им Бог!

ПОСЛЕДНИЙ ОПЛОТ

Люди, оседлавшие современную жизнь, давно приватизировали в городе всё, что могли – магазины, заводы, автозаправки, аптеки, ателье, рестораны, базары, кафе и бары. В государственном секторе работал только машинный парк коммунального хозяйства, где весь его коллектив жил по-старинке – трудно, дружно, слаженно и доверительно.

- Мы – последний оплот государственной собственности, - говорил руководитель коллектива на собрании накануне большого снегопада. - Мы обязаны доказать новоиспечённым капиталистам, что наш стиль работы – единственно правильный и справедливый! Нет - расхлябанности и безответственности! Да – ударному труду по расчистке города от снега!

И весь коллектив ему аплодировал. Кроме бригадира тракторной бригады Подорожного. Опытный Подорожный аплодировать руководителю коллектива не захотел. Бывший участник боевых действий в Афганистане, он стал бесстрашно ругаться.

- Не знаю, как у других, - закричал он с места, - а у меня ударного труда с бригадой никак не получится! Нормального труда вообще не будет до тех пор, пока не снимите с эксплуатации колёсный трактор МТЗ – ему более пятидесяти лет! Он давно исчерпал свой ресурс! Он – развалюха! Каракатица! Он – позор нашего парка! Снимите его с линии!

- Снимите! – дружно поддержали своего бригадира молодые трактористы Начинов Сергей, Вчерага Иван и Коля Завьялов.

- Снимите!

- Снимите!

Но, оказалось, что этого сделать нельзя. Оказалось, что снег в городе уже пошёл, превращая всё вчерашнее неприглядное в белую сказку. Всех женщин и девушек - в добрых принцесс-королев, всех мужчин и парней - в привлекательных королевичей-принцев. А улицы, дома и площади города – в большой хрустальный дворец, где ругаться и спорить было просто неловко и неприлично, потому что... В общем, нельзя!

Ночью снег шёл особенно рьяно. Непрерывно, весело и густо. Шёл, шёл и шёл... До самого раннего утра. До синего рассвета с редкими глубокими следами на снегу ранних обитателей общего дворца. С их припорошенными одинокими фигурами, которые пешком пробирались в призрачно-синем мире зимы на свою, нужную всем горожанам, работу...

И, когда их следы стали почти не видны под новым покровом снега, из ворот машинного парка государственной коммунальной службы, один за другим, стали выползать бульдозеры.

Первым выполз гусеничный трактор опытного бригадира Подорожного. Выполз, крутанулся вокруг своей оси, опустил нож-отвал и, взревев, двинулся по центру улицы, толкая перед собой гору снега. Подорожный закурил, оглянулся...

Следом, заняв левую сторону улицы, шёл такой же трактор Ивана Вчераги.

Справа – такой же Сергея Начинова.

Последним, позади всех остальных, тарахтел старенький колёсный трактор МТЗ с самодельным ножом-отвалом, которым управлял Коля Завьялов. Этот трактор чихал, дымил, стрелял огнём. Ковылял он по уже очищенной от снега улице и, пользуясь этим, Коля, нажимая на все педали, старался не отстать от всех остальных. От этого сонным домам и улицам казалось, что их обстреливают из ржавой берданки.

Подорожный то и дело оборачивался на выстрелы. Губы его шептали что-то неласковое... Наконец он не выдержал, высунулся из кабины и нервно погрозил Коле пальцем.

Коля в ответ только пожал плечами...

На заснеженной площади первый трактор остановился. Урча, поджидал остальных.

Вторым подкатил Вчерага. Одним рывком поставил свой бульдозер рядом, нож в нож. Задумчиво подмигнул бригадиру: знай наших!

Подорожный обезоруженно развёл руками.

Вот и Сергей Начинов подогнал и поставил трактор в одну шеренгу с остальными. Удовлетворённо кивнул.

Готовилось массированное наступление на площадь...

Откинувшись на спинки сидений, посидели, посмотрели назад.

Подорожный.

Вчерага.

Сергей...

Падал снег.

Колин трактор не появлялся.

Вышли из кабин. Сошлись в кружок. Закурили. Потолковали о чём-то немного. Подорожный показал, как двинут единым фронтом... Оглянулись.

Падал снег.

Колин трактор не появлялся.

Бросили окурки в снег. От нечего делать, кто-то протёр стёкла кабины, кто-то покопался в двигателе. Подорожный достал из кабины лопату, измерил ею глубину снежного покрова.

Падал снег.

Колин трактор не появлялся.

Снова сошлись. Кто-то взглянул на ручные часы, кто-то задумчиво зевнул. Подорожный нетерпеливо качнул головой.

Прислушались.

Пристально посмотрели в ещё тёмный пролёт улицы.

И вдруг, как по команде, бросились к своим машинам...

Рыча, плюясь огнём, дребезжа и мигая фарами, из мрака улицы, как из берлоги, вырвался озверевший колин трактор МТЗ, и на бешеной скорости ринулся на своих гусеничных собратьев... Те, задрав кверху ножи-отвалы, в панике шарахнулись врассыпную...

Вначале колин трактор избрал своей жертвой машину Вчераги. Ойкнув, Вчерага покрылся испариной. Чудом увернулся. Отчаянным усилием посадил свой бульдозер на тротуар. Сам выпрыгнул из кабины, заячьим бЕгом умчался в кусты соседнего сквера.

Потом, дерзко вильнув, колин трактор окончательно увязался за Подорожным.

Улепётывая на всех парах, Подорожный что есть мочи сурово ругался.

Трактор Сергея, тем временем, уже скрывался в синем сумраке дальней улицы.

Подорожный с завистью посмотрел ему вслед и, лязгая гусеницами, на последней скорости пошёл по площади кругами... Несколько оглушительных выстрелов преследователя заставили бывшего афганца инстинктивно пригнуться.

В это время, осатанев бесповоротно, Колин трактор вызывающе промчался мимо. Коля безнадежно терзал рычаги.

Едва Подорожный успел перевесли дух, как вырвавшийся вперёд Колин трактор вдруг замер и двинулся навстречу Подорожному сумасшедшим задним ходом.

Трактор Подорожного отчаянным волчком завертелся на месте, выбросил из-под гусениц тучу снега и, под прикрытием снежной завесы, скрылся в проулке. Пропал. Растворился. Исчез...

И, оставшись наедине с огромной заснеженной площадью, Колин старенький трактор устало заглох, безжизненно уронив на землю самодельный нож-отвал.

А белый зимний день просыпался...

ЛИСТОПАД

В субботу всё дышало покоем и миром. В комнате пахло кофе и уютно горел тёплым светом торшер.

А на улице, во мраке безветренного дня, падали листья, и старенькая сухонькая мать, глядя в окно, сказала:

- Ты бы, Надя, сходила куда-нибудь. Что ж сидеть и ждать у моря погоды?... Осень уже!

Надежда в кресле рассматривала альбом цветных репродукций. Потянулась за сигаретой на журнальном столике. Посмотрела на мать... За родной материнской фигуркой падали жёлтые листья.

- Что ж ты весной не говорила подобного? - улыбнулась Надежда. - "Ещё успеешь!" "Посиди со мной!" "Никуда твои парни не денутся!" Ох, мамуля! Ох-ох-ох!..Говорю без обиды и сожаления, но ты же сама отвадила всех моих лучших ребят. И Витю Маркова отвадила уже после института, и Серёжку Романова, что приезжал в звании капитана...

Листья падали вниз. Один, второй, пятый... Редкий-редкий листопад. Ранний и робкий.

- Но ты же их всё равно не любила - ни Витьку, ни Серёжку! - сказала мать, провожая взглядом листву.

- Откуда тебе знать?

- Я знаю, Надя, что такое любовь! Меня тоже, в своё время, удерживали - не смогли! Потому что я твоего покойного отца пуще жизни любила... Если б ты так кого-то полюбила, все мои запреты были б для тебя нипочём!

Надежда закурила.

- Ну конечно! - опять улыбнулась она. - А слёзы твои?

- Что слёзы мои?

- Они были страшнее запретов - я их не могла выносить, они меня убивали; делали безвольной, бессильной, покорной!

Мать это знала. И свои слёзы считала самой надёжной защитой от бед... Но ведь они, эти слёзы, появлялись помимо воли. Из страха, что дочка совершит какую-нибудь непоправимую ошибку. Что кто-нибудь из этих, бравых парней, возьмёт и надругается над ней... Они же, эти слёзы, как жёлтые листья: и хотели бы удержаться на ветке, а не могут - нет сил!.. Слёзы древа. Материнские слёзы...

И мать не нашлась что сказать.

Она прочитала в заоконную осень стихи:

Буду петь, буду петь, буду петь!

Не обижу ни козы, ни зайца.

Если можно о чём скорбеть,

Значит, можно чему улыбаться.

И, помолодевшая, обернулась к Надежде:

- Ты прости меня, Надя, за всё! Это ведь было в прошлом. А теперь я хочу, чтобы всё происходило по твоей воле. Время уходит. Ты самодостаточная красивая умница. А всё сидишь по выходным со мной и сидишь, как древняя подруга-сиделка! Сходи куда-нибудь, правда!

Не отрываясь от альбома, Надежда выдохнула сигаретный дым.

- Куда сходить, мама? - спросила она без интереса. - Радоваться счастью других? Любоваться чужими детьми и мужьями?.. Я сегодня, мама, хочу отдохнуть - побыть с тобой, почитать, покурить вволю, выпить кофе. Я за неделю устала... Да и не думай ты обо мне - у меня во всём полный порядок. Сама же говоришь: самодостаточная красивая умница!.. Вот будущим летом снова свезу тебя на лучший европейский курорт! Мы ещё потанцуем! Правда?.. - Надежда посмотрела на мать.

По морщинистым щекам старушки текли непрошенные тихие слёзы.

НА ЗАРЕ

Однажды пятиклассник Юрка проснулся от женского странно-нежного вскрика и заболел любовью к сладкому – что-то произошло с детским организмом. Что-то бессознательное. Утробное. Он тогда проводил зимние праздники у своей молодой и красивой тётки Катерины, в селе...

Несколько дней подряд весело падал с неба снег, и всё было как всегда — с утра Юрка с мужем тётки Катерины добрым здоровяком Степаном расчищал двор от снега, беззаботно перебрасывался с ним снежками, заливисто смеялся. Даже видя наблюдавшую за ними молодую тётку Катерину, счастливо прислонившуюся к стволу старой яблони, Юрка ничего подобного не подозревал (думал, что она, тётка, просто радуется его приезду) - за обедом с аппетитом ел красный борщ с горьким-горьким перцем, за ужином острым чесноком щедро натирал хрустящую горбушку хлеба, а тут... Перед самым рассветом, когда всё окрест было окутано непробудным сном, вдруг из-за двери комнаты молодых супругов услышал этот вскрик: какой-то не по-зимнему нежный, игривый и светлый. Юрка немного полежал с удивлённо распахнутыми глазами, потом босиком прошлёпал на кухню и жадно съел там целую банку абрикосового варенья. Бессознательно. Съел и с этих пор стал грустным. Потому как считал, что люди женятся только для того, чтобы беззаветно дружить и помогать друг другу в жизни... или - вместе смотреть телевизор, читать вслух интересные книжки, ходить в филармонию на концерты, в театр на спектакли; обсуждать их потом, обсуждать до глубокой ночи... а не ради этих, странных вскриков на заре.... И мама ведь всегда предупреждала: не ешь много сладкого, это вредно — могут быть проблемы с зубами и даже можно, со временем, заболеть диабетом! И вот, пожалуйста, всё сразу - и бессознательное разочарование в беззаветной дружбе женатых людей, и вполне осознанная перспектива всяческих неведомых болезней!

На следующий день по-прежнему мягко падал снег и Юрка со Степаном по-прежнему расчищали от него сельский двор, и тётка Катерина по-прежнему ими любовалась. Но когда Степан по-прежнему угодил в Юрку весёлым снежком, мальчишка вдруг заплакал. Так горько и безутешно заплакал, что молодые серьёзно встревожились: Степан отбросил в сторону лопату, тётка Катерина оторвалась от ствола старой яблони, оба бросились к Юрке.

- Что, что, что? - забеспокоились они.

- Я же не сильно! - оправдывался здоровяк Степан. - Я же легонечко, чуть-чуть. Для смеха!

- Ну что ты, миленький? - оглаживала Юрку ласковыми ладошками тётка Катерина. - Тебе больно, больно?.. - И, не добившись ответа, тоже вдруг беспомощно заплакала.

А снег всё падал, падал. И зимние праздники были в самом разгаре - звонкими колядками перекликалось всё село. Юрка видел сквозь слёзы обеспокоенных красивых тётку Катерину с её Степаном и с горечью думал о сладостях, из-за которых у людей, со временем, выпадают зубы и начинается болезнь с непонятным названием диабет...

НАВАЖДЕНИЕ

Надоели нудно-моросящие декабрьские дожди. Надоели до затяжной тоски и до разочарования в жизни. Каждое утро, каждый день и каждый божий вечер они уныло шелестели в стёклах окон, жиденько сочились из водосточных труб, холодными каплями висели на голых ветках деревьев, на электропроводах и на карнизах домов. Без перерыва, без отдыха, без выходных. Ни вздоха природы, ни дуновенья. Какой-то хлипко-стылый разгул печальной скуки. И только музыка в квартире звучала не в тему скверного дня – чужеродно-блудный рэп... «У меня сегодня... День рожденья, Приходи кра-са-ви-ца... Гулять, Будем пить, любиться... Це-ло-вать-ся... Будем дядю Витю поздравлять!»

Тум-тум-тум! Тум-тум-тум! Тум-тум-тум! Тум-тум-тум!

- Здравствуйте! – раздались из прихожей приподнято-возбуждённые голоса вновь прибывших гостей.

- Здравствуйте, здравствуйте, здравствуйте! – ответили приподнято-радушные голоса хозяйки и хозяина.

- Поздравляем с юбилеем! С пятнадцатилетием совместной жизни! – сказали приподнято-возбуждённые голоса вновь прибывших.

- Спасибо!.. Ох, спасибо! Боже мой, какая прелесть! Антон, ты посмотри, какую прелесть она подарила! Огромное спасибо! Спасибо,

спасибо! Проходите, пожалуйста, в гостинную. Обувь можно не снимать! Нет-нет-нет, обувь можно не снимать!

«Ла-ла-ла, бла-бла-бла, ох-ах-ох, тру-ля-ля!..»

На серо-мокром тротуаре улицы, внизу, единственной радостью для глаз были разноцветные шляпки зонтиков снующих пешеходов: чёрные, синие, красные... изредка жёлтые. Они, зонтики, кроме, конечно, чёрных, в мыслях Фёдора, возводили своих владельцев в ранг счастливых. Особенно же счастливыми казались люди под жёлтыми зонтами. Может, потому, что были исключительно редкими (один-два за всё время стояния у запотевшего окна), а может, из-за того, что их торопливыми владелицами представлялись лёгкие, вызывающе-весёлые и молодые женщины, не пожелавшие расстаться с летом.

- Извини! – сказал за спиною воркующий голос хозяина. – Гостей, как ты понимаешь, принято встречать... Замечательные люди! Цвет города! Бомонд! Мы с Ольгой ими бесконечно дорожим! Ещё две пары ждём!..

«Бу-бу-бу, бу-бу-бу, бу-бу-бу!»

... Они, зонтики, кроме, конечно, чёрных, в мыслях Фёдора, возводили своих владельцев в ранг счастливых. Особенно же счастливыми казались люди под жёлтыми зонтами. Может, потому, что были исключительно редкими (один-два за всё время стояния у запотевшего окна), а может, из-за того, что их торопливыми владелицами представлялись лёгкие, вызывающе-весёлые и молодые женщины, не пожелавшие расстаться с летом. Во всяком случае, так думалось, глядя на них с высоты седьмого этажа, когда их одинокий тёплый свет вдруг озарял серую улицу желанною надеждой на лучшее. И неудержимо хотелось спуститься вниз и увязаться за их весельем. Просто увязаться. Без продолжения, на миг. Увязаться до ближайшего поворота, чтобы успеть зарядиться их беспечной желтизной и после этого уйти своею сумрачной дорогой...

«Бу-бу-бу, бу-бу-бу, бу-бу-бу!»

И, заглушая этот монотонный бубнёж, вдруг чьи-то невидимые пальцы осторожно пробежались по клавишам рояля. Вначале в один конец, потом – в другой. Поднадоевший рэп умолк. Потом зазвучала задумчиво-проникновенная мелодия притихшей осени... «Октябрь» Чайковского был подстать заоконному декабрю. Та же грусть-печаль с каплями дождя на проводах, с разноцветными зонтиками на мокро-сером тротуаре, со слезами на стекле окна, но такая пронзительно-светлая и добрая грусть-печаль, от которой нетерпелось долго и радостно жить. И от которой (так показалось) очередной жёлтый зонтик, засветившийся на мокро-сером тротуаре, вырвался из рук своей юной хозяйки и солнцем взмыл в хмурое небо... Полетел, полетел, полетел, озаряя холодную землю своим ласковым светом и преображая её... Стёкла окон высохли, за ними полетел долгожданный чистый снег, непроницаемое лицо созерцателя Фёдора оживилось...

Когда фортепианная мелодия умолкла, Фёдор оторвался от окна.

Хозяин, сидя в кресле домашнего кабинета, продолжал ворковать о своём:

- ... нельзя, - говорил он. – Ты обязан вернуться в город! Что за бред? Представляю, что сейчас творится там, в селе: слякоть, непролазная грязь, безысходность, дремучее унынье. А у нас...

- Кто это играл? – спросил Фёдор, приходя в себя.

- А? – встрепенулся хозяин.

- Кто сейчас играл? – спросил Фёдор.

- Играл?

- Да. На фортепьяно, - подтвердил Фёдор. – «Октябрь» Чайковского.

А жёлтый зонтик его уплывал всё выше и выше. Фёдор его почему-то уже считал своим.

- Наверно, Катя Забродина, - отмахнулся хозяин. - У нас, кроме неё, никто не умеет... Я говорю: что тебя держит в этом богом забытом селе? Ради чего ты туда перебрался и пять лет безвылазно там сиднем сидишь, сам-один?

Фёдор долго смотрел.

- Антон, - сказал он, - ты, как всегда, никого и ничего, кроме себя самого, не слышишь. Я тебя спросил, кто эта Катя Забродина?

- Катя?

- Да.

- Катя – это Екатерина Забродина, новенькая солистка филармонического оркестра. А что?

Фёдор помолчал. Потом покивал головой. И опять помолчал.

Он необъяснимо знал, что отныне будет её в мыслях любить - незнакомую Катю Забродину. Крепко любить и всегда. Как бы ни сложилась его судьба, кто бы с ним рядом не был, он будет боготворить дорогую сердцу музыку, однажды воспроизведённую Катей, превратившую безысходно дождливый день декабря в ясную, чистую зиму.

- Ну, ещё раз - с юбилеем! – сказал Фёдор, прощаясь. – Я, пожалуй, поеду – дел у меня, в селе, теперь невпроворот!

РАЗЛАД

К вечеру всё прояснилось. В природе. Тучи уплыли. Высыпавшие на небе колючие звёзды остро буравили землю в ожидании крепкого заморозка. Очертания высотного дома напротив стали чище, рельефнее, отчётливей; его тёплые окна и завлекательные витрины магазина, что расположились внизу, привяли – где-то за домом восходила полная луна. Под ногами прохожих и под колёсами осторожных машин звонко хрустел выпавший накануне первый снег.

Неясно было на душе. Необъяснимо неясно. А ведь всё должно было цвести в гармонии с этой дивной природой. Ну да, совсем недавно шуршали опавшие листья, стучали в окна бесконечные дожди... Да, да, да, бывало на дворе и сумеречно, и неуютно, и мерзко, но только до поры до времени – до первого снега. «А нынче... погляди в окно!» Ах, Пушкин! Дорогой Александр Сергеевич! Где вы? И где те времена, когда женщину боготворили, преклонялись перед ней, любили? Когда культура общения между людьми не ведала таких слов, как БУХАЛО, БАБЛО, ЗВЕЗДЕЦ, КАЙФ... и уничижительно-оскорбительного для девушек, только вступающих во взрослую жизнь, гаденького словечка ТЁЛКА! Ах, Боже, Боже, Боже мой! Душа разладилась с природой...

Алина! сжальтесь надо мною.

Не смею требовать любви.

Быть может, за грехи мои,

Мой ангел, я любви не стою!

Но притворитесь! Этот взгляд

Всё может выразить так чудно!

Ах, обмануть меня не трудно!..

Я сам обманываться рад!

- Мама, где всё это? – горько спросила Аля, глядя в зимнее окно.

- Что ЭТО?

- Всё!.. Снующие за окном кареты, запряженные белыми и вороными лошадьми, румяные лица красавиц, закутанных в меха, нежные взгляды мужчин, восседающих рядом с ними, радостный перезвон колокольчиков в их благородных сердцах?.. Где всё это?

Мать – простая женщина с нелёгкой трудовой биографией, в цветастом махровом халате, неохотно приглушила звук телевизора, долгим взглядом окинула дочь.

- Опять? – укоризненно спросила она. – Чего тебе не хватает?

- Только одного.

- Чего?

Аля, не оборачиваясь, сказала:

Без вас мне скучно, - я зеваю;

При вас мне грустно, - я терплю;

И, мочи нет, сказать желаю,

Мой ангел, как я вас люблю!

Мать устало откинулась в кресле.

- Отец! – позвала она мужа. – Отец!

Тот, сидя за столом кухни, неторопливо выпил очередную рюмку водки, закурил.

- Чего надо? – откликнулся добродушно.

- Иди сюда! – донёсся голос матери-жены. – Дело есть!

- Иду! – сказал отец-муж, не двигаясь с места.

- Иди же, иди! – раздалось через несколько минут.

- Иду! – ещё раз сказал отец-муж… и пришёл.

Мать-жена, сидя в кресле, уставилась в телевизор, дочь Алина стояла, смотрела в зимнее окно.

- Чего тут? – спросил отец-муж, оглядывая обеих.

- Опять она нас с тобою ругает, - не отрываясь от телевизора, сказала мать-жена.

- Алька, что ли?

- Ну! Жалуется, что коней вороных мы ей не купили!.. Выкормили, выучили в школе, а коней не купили!

Отец-муж постоял, потоптался на месте.

- Правда, что ли, Аль? – спросил он юную фигурку у окна... И, не веря собственным глазам, потряс охмелевшей головой:

Луна уже выползла из-за высокого дома напротив, и застыла над головкой дочери, как нимб, символизирующий святость.

А может, ему так показалось...

Но Алька продолжала говорить какие-то неведомо - волшебные слова:

-Куда бы ты ни поспешал,

Хоть на любовное свиданье,

Какое б в сердце ни питал

Ты сокровенное мечтанье,-

Встретясь с ней, смущенный, ты

Благоговея богомольно

Вдруг остановишься невольно,

Перед святыней красоты.

И не поверить в это чудо было невозможно.

ГРЕХ

Хорошо, когда всё хорошо... Хорошо, например, в заснеженное утро войти в тёплый сарай, сказать корове Маньке на ухо «доброе утро!», ласково погладить её по шее и подбросить в ясли охапку свежего сена.

Потом хорошо с ведром густой болтушки из отрубей заглянуть в свинарник, с улыбкой на устах пожурить его двух нетерпеливых обитателей за ненасытное свинство.

Потом, в птичнике, засыпать кормушки золотой кукурузой; послушать умиротворённый разговор проголодавшихся за ночь гусей, уток и кур...

Хорошо, когда падает снег на дворе. Подумать только, - каждый год, в общем-то, одно и то же, но не так хорошо, как в это утро! Не так, не так! В это утро... всё хорошо.

Хорошо, что в этот ранний час, как никогда прежде, светятся все окна родного дома и видно в нём, в доме, всё, что нажито своим нелёгким трудом – красный бархатный диван; в цвет ему, красные бархатные кресла; лакированный столик с изогнутой на нём настольной лампой; шкаф с зеркальной дверью, ковёр на стене...

Хорошо, управившись с личным хозяйством, синим утром вымыть натруженные руки вначале свежим снегом, что за ночь укрыл белизною всю землю, затем – тёплой водой из рукомойника на кухне; прихватить большой острый нож... Да-да. Не маленький и тупой, не средний с лезвием-пилочкой, а большой, острый, как бритва, тесак...

И спуститься в погреб. Нацедить там в трёхлитровую банку из бочки красного вина, отрезать от копчёного окорока с полкило вкуснейшего мяса, прихватить пару кругов домашней колбасы и ароматных солений… и щедро выставить всё это перед человеком, который дорог тебе как символ надежды на радостную перемену в личной жизни…

Вот почему в это утро всё было хорошо - вдовец Николай, в ожидании предстоящих перемен, был по-настоящему счастлив. А когда человек счастлив, то и всё для него вокруг бывает по-настоящему хорошо.

Николай ждал этих перемен долгих семь лет. Не пассивно ждал, конечно. Были случаи неуверенных знакомств, робкие взгляды на незамужних односельчанок. Но всё это было не то. Первое знакомство с вдовой Раей из соседнего села, например, завершилось налётом на его образцовое хозяйство ленивых и бесцеремонных родственников Раи – налетели, посидели за щедрым столом, покричали песни, чуть не передрались между собой, захмелев; «улетая», почти опорожнили злачный погреб Николая. Обещали в скором времени опять «прилететь».

Николай смотрел на них всех и растерянно сам себе улыбался. А Рае сказал:

- Нет! – сказал Николай тогда Рае. – Не надо!..

Отвёл в сторонку и сказал. И Рая, странным делом, не удивилась. Только попросила двадцать пять яиц взять с собой. Почему именно столько, а не больше и не меньше, не сказала. Николай дал ей тридцать...

А робкие взгляды на незамужних односельчанок всегда заканчивались щемящей тоской в пустом доме: Николай понимал, что его возраст не для них.

- Ох! Ох! Ох! – бывало, пытался он выпятить грудь на сельской улице, - Ну что за цветочек в нашей теплице расцвёл!.. Ты, Катя, что ль?

- Я, дядь Коля, я! Здравствуйте!

И обрывался даже намёк на взаимность.

А тут неожиданно случилось такое, о чём Николай не смел и мечтать. Поехал он недавно с Петром-соседом в город купить тому холодильник и вошли они вначале в продуктовый магазин на улице Молодёжной, и увидели за прилавком городскую женщину Аллу. Ничего особенного, конечно, – обыкновенная городская фифа с подведенными глазами... если бы не случилось того, что случилось. Оказалось, она с Петром когда-то работала в одном троллейбусном парке. Она диспетчером, а Петро водителем троллейбуса.

- Привет!

- Привет!

- Сколько лет, сколько зим!

Николай отошёл к другому прилавку, думая только о холодильнике, который предстояло купить в другом магазине. А Петро вдруг позвал:

- Николай, иди познакомься – это Алла! А это, Алла, наш завидный жених, мой лучший друг и примерный хозяин! У него в доме нет только куриного молока, а так – всё есть!

Зачем Петро так сказал, Николай не понял – они с этим увальнем никогда не были друзьями, тем более, лучшими. Просто односельчане, когда-то учившиеся в одном классе. Один попросил другого съездить с ним в город за громоздкой покупкой... Дело не в этом. Николай тогда впервые в жизни ощутил в своей ладони тепло руки женщины-фифы. И увидел заинтерисованные огоньки в подведенных тушью глазах.

- Жених? – поразилась она. – Надо же... а я невеста... в сорок пять своих лет! Будем знакомы! Замуж возьмёте?

Вот так просто, без женских ужимок и ненужных затей:

- Замуж возьмёте?

Сама спросила, без его мольбы и унижений:

- Замуж возьмёте?

- Возьму! – не раздумывая, ответил Николай. – Только я ж из села.

- То, что нужно! – засмеялась Алла тогда. – Давно мечтаю о жизни в селе!

И Николай с Петром купили в тот день холодильник. А Николай с тех пор размечтался об Алле.

- Как думаешь, она это серьёзно? – допытывался он в тот день у Петра, трясясь в кузове грузового такси.

- Что?

- Ну, про замужество... она это серьёзно?

- Кто ж знает? Может, и серьёзно, - отвечал равнодушно Петро... и жевал неизвестно откуда взявшуюся соломинку.

И в первую же ночь она Николаю взяла и приснилась. Как с неба сошла. Будто идёт с подойником к корове в сарай, а из сарая выходит Николай с ведром, полным парного молока.

- Ты куда? – спрашивает её Николай.

- Хочу корову нашу подоить. Я так давно мечтала жить в селе!

И Николай ощущает в себе давно позабытую радость.

- Не надо, - говорит он. – Я уже подоил...

- А что же мне тогда делать? – спрашивает как будто бы она.

- А ничего! – отвечает как будто бы Николай. – Радуйся жизни! Я не для работы тебя сюда взял – всё это буду делать я сам, как всегда. Ты же мне нужна только для счастья...

Повстречавшись с Петром у сельской мельницы на второй день, Николай смотрел на него уже как на родного, как на лучшего друга, который один знал их общую тайну.

- Как думаешь, она, правда, хочет жить в селе? – спросил он.

- Кто? – равнодушно откликнулся Петро с неизменной соломинкой в зубах.

- Ну, Алла?

- Которая?

- Из магазина, что на Молодёжной... Она, правда, хочет жить в селе?

- Кто ж знает? Может, и мечтает. Теперь в городе жизнь не в радость – есть людям, и то нечего. Я её не видал целых пять лет. Может, теперь и мечтает. А что?

Николай посмотрел на него как на изменника и с этой минуты невзлюбил...

А прошлой ночью Алла опять пришла к Николаю во сне. Красивая, в платье в цветастый горошек, она собирала с земли снежинки и по одной опускала их в берестовое лукошко. По одной, по одной! И это было так странно.

- Зачем? – спросил её счастливый Николай.

- Не знаю, - ответила она. – Может, что-то получится.

- Что именно? – спросил счастливый Николай.

- Не знаю, - ответила красивая Алла...

Не знаю этого и я. Не знаю, не знаю! Просто однажды увидел в продуктовом магазине на улице Молодёжной сельского немолодого человека, который поставил на прилавок увесистую хозяйственную сумку и, по-ребячьи робея, сказал продавщице с табличкой на фирменной униформе: «Алла Новожилова»:

- Спас-сибо за... всё! Это - вам!

А всё остальное я придумал - имею такой грех...

ПРОЖЕКТОР

А помнишь? А помнишь?..

При повторении одного и того же вопроса, внутри что-то странным образом обрывалось, глаза теплели, кровь в жилах бежала веселей, мышцы тела напрягались и мысль уносилась назад – туда, где всё только начиналось и вся жизнь состояла из сладких грёз. И снег, что теперь падал с неба, обоим напоминал лепестки, что срывались когда-то с деревьев отцветающего сада. Много лепестков. Сотни тысяч. Миллионы. Триллионы. Мириады нежных лепестков. Вся земля тогда от них побелела, как теперь побелела она от первого снега. И они в ту пору ещё не умели целоваться. Стояли у калитки, неловко обнявшись, прижавшись друг к другу, слушали как горячо бьются их сердца и думали, что так и должно было быть. И что ничего иного им друг от друга не нужно – сказать сегодня «до свиданья», а завтра: «привет!», надышаться друг другом, раствориться и будто умереть.

- А помнишь прожектор? – спросила с улыбкою Валентина. – Недалеко от моего дома была расположена воинская часть с высокой сторожевой вышкой, что возвышалась над глухим зелёным забором. И часовой с той вышки всегда освещал нас прожектором, а нам было хоть бы что... Помнишь?

- Помню, - ответил Сергей с ответной улыбкой. – Боже мой, боже мой! Ты совсем не изменилась, Валюша! И глаза у тебя сияют, как и тогда!

- Этот прожектор мне потом часто снился! – сказала Валентина с сияющими глазами. - Я, ты, слетающий в луче прожектора яблоневый цвет... Ты любил меня тогда?

- Очень!

Снег падал на их плечи. Мимо шли и шли горожане.

- А может, просто казалось – ведь мы были совсем юными? – с надеждой спросила Валентина. - А, Серёжа? Может, только казалось?

Сергей отрицательно качнул головой.

- Я, Валюша, тебя очень любил, - с юной улыбкой ответил он, стряхивая снег с воротника её шубки. - Разве я тогда тебе об этом не говорил?

- Нет.

Сергей подмигнул.

- Значит, молча любил, - сказал он. - А молчаливая любовь гораздо крепче многословной.

- Намекаешь на мои частые признания в любви?

- Просто констатирую факт.

Снег летел и летел. Посреди тротуара стояли он и она и не сводили друг с друга тёплых глаз. Он смотрел на неё сверху вниз, она на него – снизу вверх... Бежали, бежали, каждый по своим делам, нежданно встретились и на двадцать лет помолодели.

Потом она прильнула к его заснеженной груди, а он неловко её приобнял.

- Спасибо, Серёжа! – выдохнула она.

- И тебе спасибо, Валюша! – выдохнул он.

И разошлись в разные стороны... А падающий снег был похож на кружение слетающих с деревьев лепестков отцветающих яблонь.

Солнечной Олесе, которая верит и знает, что змей на свете не бывает.

ЧТО ЖЕ КАСАЕТСЯ ТЕХ ДВОИХ

киносценарий

Крыша, крыши, дом, дома...

Этаж, этажа, этажу, этажи, этажам...

Это — город, в котором ночью разбивались сосульки, а утром его странные жители, как одержимые, сбегались к главному городскому щиту со свежими объявлениями.

Высокие стены с тёмными окнами. Пустые улицы. Провода. Фонари... Здесь под утро послышалось звонкое «кап-кап!».

Титры: **ЧТО ЖЕ КАСАЕТСЯ ТЕХ ДВОИХ...**

Это — окно, которое проснулось первым.

«продаётся новый спальный гарнитур «Иоганна»

Это — объявление на бетонном столбе фонаря.

«Кап-кап!»

Это — три окна, которые проснулись одновременно.

«меняю трёхкомнатную квартиру на 25-м этаже»

Это — объявление на серой стене у подъезда.

«Кап-кап!»

«срочно куплю гараж в любом районе города»

Это — объявление на лобовом стекле жёлтого автомобиля.

«Кап-кап!»

«Кто потерял чёрный кошелёк с 5. 000 $., просьба обращаться...»

Это — объявление на каждом углу, на каждом углу, на каждом углу:

«Кто потерял чёрный кошелёк с 5. 000 $., просьба обращаться...»

ЧТО ЖЕ КАСАЕТСЯ ТЕХ ДВОИХ...

Это – рекламный щит с объявлениями, который утром осаждают голосистые горожане с блокнотами и тетрадками в руках. Шляпа, шляпки, причёски, косыночки и шапки-ушанки, красный зонтик.

Это – горожане:

- Гражданочка, поднимите зонтик чуть выше – мешаете!

- Что там слышно насчёт Северодольска? Что на что меняют?

- Аркадий, запиши: улица Южная, дом девятьсот, квартира пятьсот тридцать пять!

- Южная?

- Южная!

- А что там? Эй, что на улице Южной?

- Вас это не касается. Вы что – Аркадий?

- Как это не касается? Пролезла вперёд, а других, видишь ли, «не касается»!

- Так вот и не касается!

- Ну, так я всё равно запишу: дом девятьсот, квартира...

- Да кто же это опять там с красным зонтиком?!

Это – их голоса.

- Господи, сколько я буду видеть перед собой эти спины? Господа!.. То-ва-ри-щи! Кто видел ночью вспышку над городом? Говорят, звезда Зодиака сошла с орбиты и приближается к Земле! Всё небо огнём полыхнуло!

Это - отдельные уловки хитрецов.

- Спокойно! Куда прёшь, Зодиак?

- В брянских лесах племя пигмеев поймали! Зимой голые ходят!

- Спокойно!.. Надя, ну что там с яхтой, - не нашла?

- Пока нет!

- ДОБРОЕ УТРО, ДРУЗЬЯ!

Это пришёл жизнерадостный человек с трубным голосом, которому в это утро хотелось быть у всех на виду.

Вздрогнув, на него посмотрели.

- Скажите мне, будьте добры, кто из вас вчера вечером потерял в троллейбусе чёрный кошелёк с деньгами?

Так спросил жизнерадостный человек.

Посмотревшие мельком на него, от него отвернулись.

- Ещё один хитроумный мудрец! – сказал кто-то...

- Игорёк, есть моторная лодка!

- Яхту ищи, яхту! «Продаётся яхта» и так далее!

- Девушка, а гарнитур «Люба» не попадался?

- ПЯТЬ ТЫСЯЧ ДОЛЛАРОВ Я НАШЁЛ ВЧЕРА В ТРОЛЛЕЙБУСЕ! КТО ПОТЕРЯЛ КОШЕЛЁК?

Так спросил человек с трубным голосом и потряс в воздухе пухлым чёрным кошельком.

Он со своей выходкой был никому не интересен.

- Я прошу: посмотрите на «Любу»! – крикнула в топу у щита женщина в платочке.

- Нашла яхту, Игорёк! Нашла!

- Где?

- Давгалис!

- Сейчас посмотрю по карте!.. Есть такой город! Диктуй!

Человек с чёрным кошельком аккуратно пересчитал свои деньги, спрятал их в кошелёк и поплёлся своей дорогой, нагло приставая к встречным прохожим. Те, шарахаясь от него, как от чумного, спешили по своим делам...

Пристал к высокому гражданину с портфелем и в шляпе. Тот решительно отстранился от протянутого ему чёрного кошелька.

- Есть такой город, Ира! – кричали у щита с объявлениями.

- Диктуй!

Это – радость.

- Так что же там опять с красным зонтиком?

- Не с зонтиком, а с Зодиаком, я говорил! Пигмеи обрушились на землю! Вот и всё... Ничего не вижу, хоть убей... Олени полыхают красным пламенем!

Это – печаль.

Это – высокий человек с портфелем и в шляпе увидел в толпе горожан у щита с объявлениями красный зонтик. Выхватил из портфеля миниатюрный радиоприёмник.

- «Продолжаем наши радиопередачи! - вылетел из радиоприёмника звонкий девичий голос. – Время восемь часов пятьдесят минут...»

- Восемь пятьдесят! – ахнула толпа у щита объявлений.

- Без десяти девять?

- Мать честная! Из-за вас, опоздал на работу! Такси!

- Такси!

- Такси!

Так разбежались в разные стороны горожане.

Уф!

Слышно, как проносятся где-то автомобили. Звонко тает сосулька, которая зацепилась за верхнюю планку щита...

ЧТО ЖЕ КАСАЕТСЯ ТЕХ ДВОИХ...

У него в руках был портфель. У неё – красный зонтик.

- Антонина Сергеевна! – сказал человек с портфелем, который её разыскал, но которому всё же чего-то ещё очень не хватало.

- Антонина Сергеевна!

- Я вас слушаю, Петр Петрович, - прошептала она, побледнев.

- Я сейчас! Может, здесь оно сохранилось, - сказал Петр Петрович, бросаясь к щиту с объявлениями... «Продаётся фарфоровая раковина под умывальник», «Продаётся газовый баллон», «куплю... продаю... меняю» Не то, не то, не то... Всё это было... А!?

В самом центре щита зиял аккуратный квадрат от снятого кем-то какого-то свежего объявления.

- Антонина Сергеевна! - подозрительно сказал Пётр Петрович, обернувшись к ней.

- Вам машины забрызгали грязью пальто, - Сказала она, отводя в сторону взгляд.

- Антонина Сергеевна, вы уже были сегодня у столба, где «продаётся велосипед с коляской»? - спросил Пётр Петрович, пытаясь поймать её взгляд.

- Нет-нет!

- Разве нет?

- Да. Была. Я забыла.

- Вы нашли там что-то интересное, да?

- Что именно?.. Нет-нет!

- Жаль, - тихо сказал Пётр Петрович, который огорчился, устал и который всё понял.

- А что? Что такое? - невинно спросила она.

- Жаль! - повторил Пётр Петрович. - Там, как и здесь, кто-то сорвал совсем свежее объявление.

- Может, ветер? - она опустила глаза.

- А я от вас никогда ничего не скрывал, - горестно сказал Пётр Петрович. И пошёл.

- Пётр Петрович! - вскрикнула она.

Он быстро с надеждой вернулся.

Она ничего не сказала.

Выжидательно постояв, он снова пошёл.

- Пётр Петрович! - опять вскрикнула она.

Он снова вернулся.

Она опять ничего не сказала.

- С тех пор, как мы познакомились у ворот, где «бесплатно раздавались котята», я от вас никогда ничего не скрывал, - не выдержал он. - С тех пор я отдавал вам всё самое трепетное и дорогое, что находил на стенах, на столбах и на изгородях... Помните, детский почерк на розовом клочке бумаги: «Пропала ворона Чара. Милая Чара, найдись!»... Разве мы не вместе помогли ей найтись?

По её щекам побежали слёзы.

- Простите меня, Пётр Пертович, - сказала она. - Простите, я не могу вам сказать. Это - моя глубочайшая тайна.

- Тайна? - не захотел поверить ей он.

- Личная! - взмолилась она. - Поймите,   очень прошу! Пётр Петрович!

Он пошёл и больше не вернулся.

Она, сквозь слёзы, смотрела ему в след...

Со звоном разбивались о землю сосульки.

Улица. Дома. Тротуары. Афиши. Городская реклама в витринах магазинов. на щитах и на растяжках:

«Блюда из свежей рыбы с голубых озёр Эдуарда Залесского аппетитны, нежны и питательны»

«Пейте натуральные соки!»

«Ешьте свежие фрукты и овощи!»

- Господа. посмотрите. пожалуйста. налево! - говорил в туристическом автобусе гордый собою седовласый руководитель местного рекламного агенства. - Мы рекламируем нашим людям только натуральный товар! Посмотрите. пожалуйста. направо - мы рекламируем только модную одежду и совершенную бытовую утварь!

«Пальто с меховыми воротниками, что в этом сезоне дарят нам весёлые лисы»

«Эмалированные кастрюли фабрики Эдуарда Залесского сами готовят обед»

- О. прекрасно! О. хорошо! - улыбаются иностранные гости. - Кто он?.. Кто этот мастер красивого слова. что всё это так мило и правдиво сочиняет?

- Есть такой. - отвечает гордый собою представитель местного рекламного агенства. - Пётр Петрович Зернов.

И это имя восторженные иностранцы торопливо записывают в свои блокноты: piotr petrovich zernoff.

Улица. Её тротуары. И красивые женские ножки.

Всё это видит из своего сверкающего автомобиля, сидящий за рулём Эдуард Залесский - хозяин времени и светский человек.

- Если ты это сделаешь, - говорит он Антонине Петровне, у которой есть своя глубочайшая тайна. - Если ты это сделаешь, то нам придётся расстаться.

- Почему, Эдуард? - жалобно и тоненько удивляется Антонина Петровна.

- Потому что ты... то ловишь по городу пропавших у кого-то ворон, то наводняешь наш дом «бесплатными» котятами, то... В то время, когда моим именем... Вот, посмотри: Совершенно новая реклама!

«Первые цветы из оранжерей Эдуарда Залесского»

- Неужто всего этого тебе мало? - спросил Эдуард. - Что с тобой происходит, Антонина? Думаю, нам всё же не следует забывать, что ты - калека.

- Что?

- Извини. Но это факт. Ты ко мне - со своими «тайнами», я к тебе - со своим наболевшим. Я давно мыслю и оцениваю жизнь по-новому, Тоня, и мне неприятно слышать от уважаемых мною людей... В общем, ты после аварии стала другой... Неуравновешенной, что ли... Мои партнёры втайне считают тебя сумасшедшей.. Не плачь. Ты ведь знаешь, что, кроме меня, на всём белом свете ты теперь никому не нужна. Никакому

Овсову, никакому Уздечкину... Или как его там?.. От которого ты скрыла свою «тайну-мечту»?

- Пётр... Петрович... Зернов...

Так побеждённо всхлипнула Антонина Петровна.

Этажи, этажи, этажи. Внизу - улица.

Из высокого светлого окна Петру Петровичу Зернову были видны крыши убегающих по улице автомобилей.

Говор, шум, глаза, улыбки. Пресс-конференция.

- Будем, друзья, как дома! - говорит Пётр Петрович собравшимся дамам и господам-иностранцам. - Я готов, коль вам интересно, ответить на все ваши вопросы и замечания.

- Ээ... Вопрос первый. Пиотр Петроуич: сколько вам лет?

Так спросил один господин, а переводчик вопрос перевёл.

- Мне тридцать пять лет, - ответил интервьюируемый.

- Вы женаты?

Так кокетливо спросила юная леди.

- Нет. У меня много дел.

- Чем увлекаетесь? Ваше хобби? - спросил другой господин.

- Я собираю интересные объявления.

- О! – подмигнула юная леди. – «Имею деньги, ищу красивого мужа?»

- Нет. Я не буду об этом распространяться, хорошо?.. Вы меня не поймёте.

- В чём секрет успеха вашей рекламы? – спросили дальше.

- Секрет успеха?.. А он есть?

- А вы как считаете?

- Я об этом не думал.

- Есть, есть! – закивала юная леди. – Успех налицо – мы посетили все торговые точки города и убедились в этом собственными глазами! Не скромничайте, говорите!

- Я не знаю. О чём говорить? О том, что не обманываю покупателей, что пишу... как оно на самом деле и есть?

- Расскажите поподробнее! Ведь реклама – наш бизнес и хлеб!

- Ну... Скажите, пожалуйста, вы ели когда-нибудь уху из свежей рыбы?

- Да, конечно.

- А свежую зажареную рыбу?

- Да.

- А свежую фаршированную рыбу?

- Несомненно.

- А свежую рыбу в сметане?

- О, да!

- Это вкусно?

- Очень!

- Ну вот. Я так и пишу: «Блюда из свежей рыбы аппетитны, нежны и питательны»!

- О! Хо-хо! Браво! Браво! Бис!

- А если... А если вы когда-нибудь в нашем городе увидите рекламу, восхваляющую брюда из ржавой мариновоной селёдки, так и знайте: на моё место приняли другого человека, - улыбнулся Зернов, перекрывая шум аплодисментов.

- Последний вопрос! – выкрикнула юная леди. – Последний вопрос! Скажите, о чём вы мечтаете прямо сейчас?

- Сейчас я хотел бы разгадать одну глубочайшую личную тайну.

Так ответил Пётр Петрович Зернов на последний вопрос.

Крыша, крыши. Дом, дома...

Это – узкая улочка на задворках, по которой долго и устало брёл Пётр Петрович, петляя между мусоросборниками.

Здесь, в тупике, стоял железный столб с пожелтевшим от времени объявлением:

«Продаётся велосипед с коляской...»

Пётр Петрович обошёл вокруг столба и... сам остолбенел – так поразило его свежее объявление, у которого были оборваны на концах уголки:

«Продаётся белая лошать в яблоках»

Поозиравшись по безлюдным сторонам, Пётр Петрович ласково провёл пальцами по объявлению, из-под которого прослупили мелкие шарики непросохшего клея. Осторожно его сорвал. И. побежал...

У главного городского щита для объявлений загнанно остановился, шаря глазами по тесным рядам бумажных квадратиков.

«Продаётся белая лошать в яблоках»

Так ярко засияло ещё одно необычное объявление в самом центре щита, где прежде зиял пустотой серый прямоугольник.

Это – окна высоких этажей, на которые Пётр Петрович машинально взглянул... Окна бегущих троллейбусов и автомобилей, по которым пробежал его взгляд... Идущие по тротуару люди, люди и люди... И красный зонтик в толпе, что в ясную предвесеннюю погоду всё удалялся, странно подпрыгивая.

Раз-два, раз-два...

Так прихрамывала хозяйка зонтика, идущая под ним.

- Антони-на Сергеевна-а! – громко-громко окликнул её счастливый Пётр Петрович Зернов.

«Он назвал её в первый же вечер куклою, а она обиделась и сказала: не кукла я!»

Это — содержание песни, что звучала из портативного радиоприёмника, который стоял на скамье рядом с лежащим здесь же красным зонтиком.

А Пётр Петрович и Антонина Сергеевна были в этот миг далеко. Пётр Петрович на весенней поляне ласкал гриву белой лошади в яблоках, гладил рукой по её упругой гордой шее, заглядывал в большие, как сливы, глаза, прижимался к морде щекой.

- И вы дадите мне на ней покататься! — мечтательно-робко сказала счастливая Антонина Сергеевна, сидя на городской скамье с закрытыми глазами.

- Непременно! — сказал щедрый Пётр Петрович, решительно открывая глаза.

«Он назвал её в первый же вечер куклою, а она обиделась и сказала: не кукла я!»

Так чудесно пела польская прелесть-певица.

- Правда, дадите покататься? — спросила Антонина Сергеевна, ища его взгляда.

- Правда.

- Даже несмотря на то, что я попыталась скрыть от вас свою тайну?

Он кивнул.

- А теперь мне пора идти, - сказал он. - Нужно кое-что срочно уладить.

- Пожалуйста, не оставляйте меня одну! - попросила Антонина Сергеевна. - У меня сегодня такой грустный день... Можно, я с вами пойду?

«Он назвал её в первый же вечер куклою, а она...»

Они шли по улице, не оставляя без внимания ни единого объявления, из расклеянных по городу.

«Купим чёрный рояль фирмы «Фёрстер»

- Вот сюда и зайдём! - сказал Пётр Петрович, записывая в толстый блокнот указанный в объявлении адрес...

Потом несколько раз нажал на кнопку звонка, стоя с Антониной Петровной у двери квартиры № 115, что в высотном доме.

- Иду, иду! - пропел за дверью женский радостный голос.

- Здравствуйте! - сказал Пётр Петрович в открывшуюся дверь, а Антонина Петровна за ним повторила.

- Здравствуйте, здравствуйте! - пропела радостная женщина. - Входите, пожалуйста!

За её спиной появились такие же радостные мужчина и мальчик с балалайкой в руках.

- Это вы покупаете чёрный рояль? – спросил их всех Пётр Петрович.

- Да-да, мы! Мы покупаем чёрный рояль! Вы «Фёрстер» имеете в виду?

- Да, его.

- Мы, мы, мы!

- Мы к вам с просьбой одной. Одолжите нам до завтра пять тысяч рублей! – сказал Пётр Петрович, а Антонина Петровна утвердительно закивала головкой.

- Пять тысяч? – всплеснула руками оторопевшая женщина.

- Да. До завтра.

- Какой же марки ваш рояль, если стоит так дёшево? Он - не «Фёрстер»?

- Что вы, что вы! – отмахнулся повеселевший Пётр. - О рояле мы не мечтаем, - сказал он.

- Мы хотим лошадь купить! – с готовностью дополнила его Антонина.

- Ло-шадь?! – после недоумённого молчания спросили и женщина, и её муж, и ребёнок.

- Да, - наивно подтвердила похорошевшая Антонина. - Которая в яблоках.

- Живую лошадь? – переспросил муж женщины, заинтересованно выйдя вперёд.

- Да. Мы наверняка ещё не знаем, сколько точно она стоит – это далеко, на окраине и без телефона... Но остальную сумму мы докладём из своих, - сказала польщённая искренним любопытством мужчины Антонина. - А сейчас нам не хватает пяти тысяч рублей.

- Да вам другого не хватает! - закричала пришедшая в себя женщина. - Вы что – чокнутые? Мой ребёнок без инструмента сидит, а они... А если мне сегодня предложат рояль, а у меня не хватит именно этих пяти тысяч рублей?.. Лошадь! Вы хоть подумали своими головами? Уходите, пожалуйста! Прошу вас!

Вытолкала непрошенных гостей из квартиры и захлопнула за ними дверь.

- Молодые люди! Молодые люди – зашептал муж женщины, догнав их на лестнице, что вела вниз. Возьмите... здесь двести рублей. На рыбок вуалихвосток копил! - И протянул белый конверт.

А лестница, уводившая вниз, в каждом доме была разного цвета и разной конфигурации. То серая, крутая, с перилами, то покрашеная в зелёный цвет пологая, без перил; то устеленная красным ковром, круто витая.

Лестница, по которой Антонина и Пётр вышли на белый свет, была мраморная.

- Я ошибся! - сказал Пётр со вздохом. - Этот план нереален.

- Вы так думаете? – доверчиво заглянула ему в глаза Антонина.

- Да.

- Почему?

- Потому что никто никогда не захочет расстаться со своею мечтой даже до завтра. Я ведь тоже вот не хочу.

- И я. И я, с вами вместе, тоже вот не хочу! - закивала головкой Антонина.

Служебный кабинет, в котором седой руководитель рекламного агенства отечески смотрел на Петра Петровича Зернова.

- Это, Пётр, не проблема! - сказал он. - Для тебя мы не пожалеем и больше, если нужно. Хочешь пять тысяч - дадим пять, захочешь десять - дадим десять. Сам знаешь, что заказов на рекламу у нас теперь - завались, да и зарубежные наши коллеги от твоей деятельности в восторге... Значит, говоришь: лошадь хочешь купить? - и, посмеиваясь, подошёл к сейфу.

- Лошадь!

- Давно пора... Лошадь! Хех! Ну, молодёжь! Всё у вас - не как у людей: квартира у вас - «хавира» или «хата», любимая женщина - «чувиха» или, чего лучше, - «тёлка»! Сколько лошадиных сил будет в твоей «лошадёнке»?

А в приёмной этого руководителя, где сидела Антонина Петровна, какой-то сотрудник офиса диктовал секретарше за компьютером:

- Сего числа... запятая, за талантливое решение проблемы городской рекламы... запятая, за безупречное выполнение обязанностей редактора и автора безупречных рекламных новинок приказываю Петру Петровичу Зернову объявить благодарность.

- Прошу вас! – неожиданно громко сказала Антонина Сергеевна.

- Что вы сказали? – отвлёкся от дел диктовавший.

- «Прошу Вас, уважаемый Пётр Петрович Зернов, принять мою искреннюю благодарность!»… Разве можно приказывать в таких случаях!?

- Я прошу вас, уважаемый Пётр Петрович Зернов, - ласково сказал руководитель рекламного агенства, запирая сейф в своём кабинете, - прошу принять к сведению, что моё рекламное агенство не конюшня. Ты что, охренел? Живую лошадь он хочет купить! На работу ездить на ней! Чтобы всё новые и новые заграничные гости думали, что у нас в стране нету нефти?.. Ну, порадовал старика! Нет, Пётр, дорогой, не могу!.. Извини!

И снова улицы города. И объявления…

«Кто потерял чёрный кошелёк с 5.000$, просьба обращаться…»

И снова восхождение по лестничным ступеням… и кнопка звонка у двери очередной квартиры. И здесь бы надо передохнуть от слов и послушать какую-нибудь задушевную песню. Потому что в глазах Антонины Сергеевны снова затеплилась добрая надежда…

Дверь в квартиру открыла девочка. Петр Петрович с ней о чём-то поговорил. Поговорил-поговорил, глянул на Антонину Петровну. И благодарно помахал девчушке рукой.

- Есть хотите? – спросил он, когда вместе с Антониной вышел из подъезда.

- Хочу, – призналась она.

- Значит, судьба! Идём в ресторан!

... Где звучала танцевальная музыка и за одиноким столиком в одиночестве уныло пил тот, прежде жизнерадостный гражданин, что как-то у главного щита с объявлениями трубным голосом сказал людям: «Доброе утро, друзья!»

Посреди столика неприкаянно лежал потерянный кем-то в троллейбусе чёрный пухлый кошелёк.

К столику подошли Пётр Петрович и Антонина Сергеевна.

- Добрый день! – сказал Пётр Петрович.

Гражданину подумалось, что это ему всё причудилось.

- Добрый день! – повторила Антонина Сергеевна.

Гражданин по очереди на них недоверчиво посмотрел. И угодливо приподнялся.

- Да, я... – нерешительно сказал он тихим охрипшим голосом.

И от его слов музыка в ресторане умолкла. Все музыканты и посетители ресторана устремили свои взоры на гражданина с охрипшим голосом и на его нежданных гостей.

- Нам сказали, что вы будете здесь, – начал вежливый Пётр Петрович.

- Да, я... – откашлялся охрипший гражданин.

- Это вы вчера нашли в троллейбусе чёрный кошелёк с деньгами? – спросила нежная Антонина Петровна.

- Да, я... – тихо сказал гражданин пересохшими губами.

- Пять тысяч долларов? – уточнил Пётр Петрович.

- Да, я...

- Вы не могли бы нам до завтра одолжить половину? – застенчиво спросила Антонина Сергеевна.

Гражданин безвольно опустился на стул. Посидел, уронив голову на кулаки. Разочарованно сказал:

- Нет. Не могу.

- Почему?

- Берите или всё, или - ни копейки!

Пётр и Антонина переглянулись.

- Давайте все! – сказал Пётр Петрович.

- Да, я... – сказал гражданин, торопливо схватив со стола кошелёк. – Нашёл. Вот... Возьмите.

Антонина прижала руки к груди.

- Мы вам так благодарны! – сказала она.

- Давайте, я напишу вам расписку. - сказал Пётр Петрович, раскрывая свой портфель.

- Не надо! У меня есть свои заготовки! – ответил засуетившийся гражданин и вынул из бокового кармана стопку от руки исписанных блокнотных листков.

«Кто потерят чёрный кошелёк с 5. 000 долларов, просьба обращаться по адресу...»

- Напишите, пожалуйста, ваш адрес, - прохрипел гражданин.

- На всех?

- Да. На всех.

И закричал возрождённым трубным голосом в глубь притихшего ресторанного зала.

- А то тут, понимаешь, все уже разуверились в человеческой чести!.. Официант, тащи банку томатного соку – это не я нашёл кошелёк!

За высокими окнами ресторана остановился сверкающий автомобиль Эдуарда Залесского.

- Эдуард! – выпорхнула из ресторана счастливая Тоня и, прихрамывая, побежала к Эдуарду, опустившему стело автомобиля.

-Эдуард!

- Значит всё? – спросил подбежавшую её Эдуард.

- Но я на ней только покатаюсь! – взмолилась Антонина Сергеевна.

-Значит, всё! – сухо сказал Эдуард.

- Но я только на ней... Ты так думаешь, Эдуард?

- Я не думаю. Я абсолютно уверен! Пол города уже знает... юродивая.

Тоня беспомощно развела руками.

- Ну что ж... Ну что ж, - сказала она. - Значит, всё.

- Всё в порядке? – спросил подошедший Пётр Петрович.

- Да, - прошептала Антонина Сергеевна, провожая взглядом убегающий автомобиль Эдуарда.

- Вот и славно! Тогда я еду в это село!

- И я... И я, вместе с вами, тоже еду тогда, - сказала потерявшая мужа Антонина.

И опять хочется музыки. Доброй нежной и задушевной. Потому что в троллейбусе ехала почти уже исполнившаяся радужная мечта двух этих одержимых людей...

Потом она же, эта мечта, ехала в пригородном автобусе.

Потом эта мечта сошла на какой-то сельской остановке.

Двигалась по сельской улочке... Нет. Не двигалась. Она, как вольная птица, парила в весеннем воздухе. Пока не услышала вожделенное ржание лошади. И застыла на месте.

- Как хорошо... как красиво она ржёт! – зачарованно сказала Антонина Сергеевна.

- Чует приближение своих настоящих хозяев, - подмигнул ей Пётр Петрович.

- Как вы думаете, Пётр Петрович, кто она: ОН или ОНА?

- Об этом я не подумал.

- Эх, вы! А как же вы сейчас к ней обратитесь?

- У неё же есть какая-нибудь старая кличка.

- Нет. Старая ей должна быть противна.

- Почему?

- Разве может быть приятным имя, которое дали тебе предатели? Продающие тебя за какие-то жалкие деньги?

- А-а... Да... Верно!

Так они помолчали, прислушиваясь к сельским звукам, разглядывая улочку и дома за деревянными заборами.

- Пётр Петрович! – прошеплатала Антонина Петровна.

- Да?

- У меня есть два хороших слова-имени.

- Какие?

- Элегия и Аккорд.

- Очень красиво!

- ЭЙ, ВЫ КТО? – неприветливо крикнул за забором встревоженный голос невидимого мальчонки. – Убирайтесь отсюда пока Бог вас не покарал!

Присев у заборной щели, Пётр Петрович сказал:

- Я – Чингачгук Большой Змей! Мы с тобой одной крови, я и ты!

Голос мальчонки помолчал. В заборной щели появился недоверчивый синий глаз.

- А она тогда кто?

- Она – прекрасная Юдифь – повелительница бледнолицых королей!.. А ты кто?

- Я... Федька Лопух.

- О! – воскликнул Пётр Петрович. – Имя этого бесстрашного воина я не раз слышал на тропе Войны! Мне рассказывали делавары, будто ты однажды один на один вступил в схватку с целой бандой бледнолицых жестоких гицелей, которые на глазах у детей хотели расстрелять и перевешать всех любимых кошек и собак, а затем принудить детей носить шапки из шкур их верных друзей. Это ты убил генерала Гицеля?

- Я! – испуганно сказал зачарованный мальчонка, голова которого спешно появилась из-за оторванной доски.

- В таком случае я тебя приветствую! – протянул руку к забору Пётр Петрович Зернов. – И прошу указать нам тропу, что ведёт к хижине, где продаётся белая лошадь в яблоках!

Федька Лопух неожиданно горько заплакал.

- Дорогой Змей, не ходи туда! – взмолился мальчонка. – Эта лошадь бешеная и заразная! Пожалуйста, не ходи!

Над соседним глухим забором появилась грозная бородатая голова.

- Опять ты за своё взялся, Федька! – сказал владелец головы, приветливо кивнув пришельцам. – Всех покупателей отваживает, шельмец! Попадёшься ты мне! Проходите, будьте добры!.. Чуть вперёд, и налево! Здесь, здесь продаётся белая лошадь!.. Проходите, милости просим!

- Пётр Петрович, идите! – выдохнула Антонина Сергеевна, оставаясь на улице. – Я очень волнуюсь... и здесь подожду...

- А что, много было желающих? – спросил Пётр Петрович, когда бородатый старик открыл калитку.

- Валом валили поначалу! Придут и уходят. А всё из-за этого Лопуха! Отец, видите ли, обещался ему! А денег нету. Вот он и взялся травить! Проходите, проходите, милости просим!..

- Если ты правда повелительница, попроси Змея вернуться! – попросил замершую в ожидании Антонину заплаканый Федька Лопух.

- Я не могу этого сделать! – вздрогнула Антонина Сергеевна.

- Не можешь? А зачем он сказал, что ты повелительница? Обманул?

- Нет, нет! Он не умеет обманывать!.. Но я повелительница бледнолицых королей... а он - вождь краснокожих!

Побледневший, неестрественно прямой Пётр Петрович Зернов медленно выходил из калитки бородатого старика. С поводом в руке. За ним на колёсиках катилась деревянная белая лошадка в красных яблоках на свежевыкрашенных боках.

- Выросла, значит, внучка, - объясняла бородатая голова над глухим забором. – Куда ж ее? – говорю я старухе! Может быть, кому и сгодится! Благодарствуйте!.. Может, целый кошелёк всё же многовато?

У Федьки Лопуха из глаз брызнкли новые слёзы.

Антонина Сергеевна замерла, прижав руки к груди.

Бледный и прямой Пётр Петрович вёз за собой игрушечную лошадку, колёса которой скрипели.

- Мой преданный, мой стойкий друг Федька Лопух! – сказал Пётр Петрович, подходя к мальчонке. – Я, Чингачгук Большой Змей и Прекрасная Юдифь... Вот, возьми. Это – лошадь Аккорд. Тебе!

- И-го-го! – красиво и радостно заржал по-лошадиному Федька Лопух, торопливо увозя по улице лошадку.

- Стой! – вдруг закричал ему в след Пётр Петрович. – Стой, говорю! – и побежал к обомлевшему Федьке.

- Можно, мы с Юдифь тебя на ней покатаем? – спросил Пётр Петрович Зернов.

Скрипели колёсики деревянной лошадки. Плыли сельские дома и ещё голые деревья садов. Плыло небо в белых облаках...

Где-то здесь пел скворец...

Где-то здесь пел скворец...

Да, вот он. У новой скворечни.

ЧТО ЖЕ КАСАЕТСЯ ТЕХ ДВОИХ...

Утренним звёздам Тоне и Лизе

ПЕРРОН ПРИБЫТИЯ

киносценарий

По осенней земле мчался пассажирский поезд – на север, на север, на север! Туда, где добывались золото и нефть и где, по слухам, за один сезон можно было заработать денег на приличную квартиру и на безбедное проживание в ней.

И, сквозь нетерпеливые гудки тепловоза и дробный перестук колёс, голос читающего сказал:

"Ну, здравствуйте, здравствуйте. Je vois que je vous fais peur, садитесь и рассказывайте.

Так говорила в июле 1805 года известная Анна Павловна Шерер, фрейлина и приближенная императрицы Марии Феодоровны, встречая важного и чиновного князя Василия, первого приехавшего на ее вечер. Анна Павловна кашляла несколько дней, у нее был *грипп*, как она говорила (*грипп* был тогда новое слово, употреблявшееся только редкими). В записочках, разосланных утром с красным лакеем, было написано без различия во всех:

"Si vous n'avez rien de mieux à faire, M. le comte (или mon prince), et si la perspective de passer la soirée chez une pauvre malade ne vous effraye pas trop, je serai charmée de vous voir chez moi entre 7 et 10 heures.

Annette Scherer". (Если у вас, граф (или князь), нет в виду ничего лучшего и если перспектива вечера у бедной больной не слишком вас пугает, то я буду очень рада видеть вас нынче у себя между семью и десятью часами. *Анна Шерер.*)

- Вот куда надо ехать теперь, - покашливая, говорил, провожая взглядом проносящийся мимо поезд, обездоленный старец без особого места жительства – бомж, стоя в тоскливо-мечтательной стайке своих сотоварищей на перроне небольшой заштатной станции.

– На Север! На Север! На Север! Только там возможно заработать на достойную жизнь и вернуть человечье имя!

- Нельзя! – отвечал ему другой обездоленный тип. – Нам, Сергеич, без документов нельзя!

- А я разве говорю, что можно? Я говорю: хорошо бы. Кабы паспорт иметь, да каких-нибудь несколько тысяч рублей на билет, - ответил старый бомж и помахал в след промчавшемуся поезду рукой. Остальные бомжи невольно последовали его примеру...

- На Север! На Север! – с надеждой сказала вчерашняя невеста Рита, собирая вчерашнему жениху Модесту дорожный чемодан. – Тёплые носки я уложила слева – там тепеть уже, наверно, морозно!.. Сто тысяч рублей – это ведь совсем немного. Правда? Ты их там заработаешь в два счёта и вернёшься! А я тебя буду ждать! Запомни это, Модест: я тебя буду ждать!

На приоткрытой дверце шкафа висело белоснежное подвенечное платье. Рита, порывшись в шкафу и, напевая, аккуратно уложила в чемодан полотенце, носовые платки.

- Кажется, всё! – сказала она. – А где твой бритвенный прибор?

Ей никто не ответил.

- Модест, - крикнула Рита. – Ты меня слышишь? Модест!

Юный Модест с намыленными щеками стоял за её спиной, прислонять к дверному косяку. Смотрел на неё и тихо улыбался.

И голос читающего опять сказал:

"Несмотря на то, что за пять минут перед этим князь Андрей мог сказать несколько слов солдатам, переносившим его, он теперь, прямо устремив свои глаза

на Наполеона, молчал... Ему так ничтожны казались в эту минуту все интересы, занимавшие Наполеона, так мелочен казался ему сам герой его, с этим мелким тщеславием и радостью победы, в сравнении с тем высоким, справедливым и добрым небом, которое он видел и понял, -- что он не мог отвечать ему."

- Ри, - сказал Модест. – А ведь я без тебя пропаду!

Было девять утра...

В полдень пассажирский поезд с криком и с грохотом вырвался из туннеля. Навстречу поезду бежали обнажённые сады.

Из сельского дома с пустым гнездом аиста на крыше, неся в руках гармошку в футляре, вышел в сад сорокалетний Никита Шматов – хмельной вольный казак.

Голос читающего сказал:

"Поставив бутылку на подоконник, чтобы было удобно достать ее, Долохов осторожно и тихо полез в окно. Спустив ноги и расперевшись обеими руками в края окна, он примерился, уселся, опустил руки, подвинулся направо, налево идостал бутылку..."

Обведя нестойким взглядом облетевший сад, Никита проникновенно спросил:

- Где листья?.. – и ответил: - Они опали!.. Где певчие птицы?.. Улетели!.. Теперь улетаю и я!..

И, качнувшись, подошёл к первому дереву.

- Прощай, мамка-любка! – сказал Никита, кланяясь ему до земли. – Всё отдаю за волю: и тебя, и дом, что побелил своими руками, и...

Берите! Только дайте мне мой покой! Воля мне нужна, а не женская юбка! Воля!.. Ты мне листья свои присылай, - попросил он дерево. - И цветы. По воздушной почте. Ветер тебе поможет. Поможешь, ветер?.. Ну, смотри!

Из распахнутой двери дома за порог стремительно вылетели попеременно тощий рюкзак и меховая шапка. Дверь с вырезанным в ней сердечком захлопнулась, неприступно щёлкнул внутренний замок.

- Начинаю новую жизнь! – торжественно прокомментировал это событие Никита. И погрозил кому-то за дверью: - Меня ещё будут любить! Женщинам без меня – смерть!.. Да здравствует Север! - И наломал букет белых хризантем.

Во второй половине дня пассажирский поезд гулко промчался по железнодорожному мосту и устремился в необозримые степи...

Глядя в опись, молодой лейтенант полиции назвал вещи своими именами и поочерёдно выложил их на служебный стол:

- Расчёска пластмассовая... Папиросы «Беломор-канал», полпачки... Зажигалка бензиновая... Часы «Полёт»... Авторучка чёрная... Пятьсот рублей денег... Ремень брючной... Рукопись романа Толстого «Война и мир», пятнадцать общих тетрадей!

Лейтенант весело глянул на небритого человека с печальными глазами, который молча пересчитывал тетради.

- Есть претензии? – спросил лейтенант.

Небритый человек отрицательно качнул головой.

- Тогда – порядок, гражданин Валетов Иван! – благодушно сказал лейтенант, с усмешкой разглядывая небритого человека, – Выше среднего роста, волосы светло-серые. Глаза...

Но что-то смутило молодого лейтенанта в этих, видавших виды, глазах. Он откашлялся и официально сказал:

- Теперь завизируйте, пожалуйста, подписку о невыезде. Суд – через семь дней... Всё понятно?

Валетов Иван кивнул и расписался.

Некоторое время они смотрели друг на друга.

- Да! – спохватился потом лейтенант. – Ваша бывшая квартирная хозяйка просила передать вам вот это!

И выдвинул из-под стола большой кожаный портфель.

- Здесь – ваши носильные вещи. Проверять будете?

- Нет, - сказал Валетов Иван и, спустя минуту вышел со своим значительно потяжелевшим портфелем из двери, над которой красовалась вывеска «Следственный изолятор».

И дворник из числа «арестантов», подметавший двор, посмотрел на Ивана удивлённо и подозрительно.

- Отпустили?! – поразился дворник.

- Да, - кивнул Валетов Иван.

- За такое... и отпустили?!

- Да, - кивнул Валетов Иван.

- А мне же тут что, век вековать? Из-за того, что не заплатил за бутылку пива?

- Да,   - кивнул Иван Валетов.

Голос чтеца сказал:

"-- Вот нынешнее воспитание! Еще за границей, -- проговорила гостья, -- этот молодой человек предоставлен был самому себе, и теперь в Петербурге, говорят, он такие ужасы наделал, что его с полицией выслали оттуда."

Лейтенант полиции задумчиво понаблюдал через окно за удаляющейся фигурой бывшего подследственного, побарабанил пальцами по столу... и бросился следом.

- Иван Петрович! – сказал он, нагнав Ивана в конце двора. – На одну минуту, пожалуйста! Вопрос, так сказать, частного порядка, к делу отношения не имеющий: Зачем вам, слесарю, понадобилось переписывать роман Толстого?

Валетов Иван с сомнением посмотрел на лейтенанта долгим взглядом, снисходительно похлопал его по плечу и двинулся дальше...

Голая осень смотрелась в прозрачные лужи и пестрела опавшей листвой. В повисших на деревьях каплях воды затаилась грусть.

По мокрой улице шла колонна унылых призывников. Человек с красным флажком впереди, человек с красным флажком сзади. Между ними - вялая публика с рюкзаками за плечами, с чемоданами в руках.

Валетов Иван, понаблюдав за ними всеми, внедрился в их ряды... И вдруг запел красивым, бодрым голосом:

Дальневосточная, опора прочная!

Союз стоит, стоит непобедим!

И всё, что было нами заваёвано,

Мы никогда врагу не отдадим!

Стоим на страже всегда-всегда,

А если скажет страна труда -

Прицелом точным - врага в упор!

Дальневосточная, смелее в бой!

Краснознамённая, даёшь отпор!

Современные юноши насмешливо поулыбались, покривлялись, но подтянулись, выстроились, пошли согласованным шагом.

Заслышав знакомую с армейской юности песню, из подворотен и подземных переходов выползди на белый свет не старые ещё, но помятые бездомной жизнью бомжи. Заулыбались, распрямились, присоединились к колонне призывников. Дружно подхватили строевую...

Когда впереди, на тротуаре, замаячила телефонная будка, Валетов Иван вышел из строя...

Валетов Иван вошёл в телефонную будку и набрал многозначный номер.

- Мне нужно тебя видеть! – ласково сказал он. – Нет. На старом месте. Спасибо. Я, тем временем, успею побриться...

Тихая осень бежала по мокрым проводам, назначая добрые встречи.

Кого-то ждала под розовым зонтиком юная девушка.

Кого-то высматривала, сидя на скамье, старушка под зонтиком и с апельсином в руке.

К кому-то спешила красивая женщина в людной толпе...

Кто-то кому-то был необходим.

Такси прошуршало по широкой улице, свернуло в переулок и остановилось. Переулок был безобразно вспорот поперечной траншеей, вдоль которой горбились непроходимые курганы вырытой земли.

Дородная молодая женщина с ярко накрашенным ртом выбралась из такси, прошла вперёд и затопталась у непредвиденного препятствия.

- О господи! – воскликнула она сварливо. – Опять наворочали, чтоб вам руки повыворачивало на том свете! Всё делается, не как у людей! Всё шиворот-навыворот! Осенью копают, зимой закапывают, а летом греются на солнце!.. Ну, что ты скажешь?! А я, дура, ещё и туфли белые надела!

Наконец она разыскала тропинку, протоптанную у самой стены дома и, бранясь, перевалила на другую сторону «хребта».

Здесь тоже было неприютно и грязно. Всюду валялась арматура и лоскуты содранного асфальта. Откуда-то сочилась вода. К тому же, прямо посередине узкого переулка зияла чёрная дыра канализационного колодца.

Тем не менее, лицо сварливой женщины смягчилось и посветлело: из люка колодца показалась голова Валетова Ивана.

- Я тебя по голосу узнал! – сказал Иван, радостно улыбаясь. – Здравствуй, Нюра!

Женщина тоже расцвела улыбкой. Подбоченясь, она с любовью разглядывала Ивана, по горло застрявшего в земле.

- А ты чокнутый, Ваня, - сказала она. - Ей-богу, чокнутый! Ты что там делаешь?

- Устраняю неполадки, - сказал Иван. – Тогда не успел, а надо.

- Я ж и говорю, что чокнутый! Его хотят упрятать в тюрьму, а он в колодец полез!.. Ну-ка, вылазь – Николай ждёт!

- Какой Николай?

- Муж мой.

- Муж?

- Личный таксист! Ты что, не знал, что у меня муж есть?

- Знал. А зачем он ждёт?

- Хочет своими глазами посмотреть на героя, который голыми руками избивает современного капиталиста!

Улыбка сползла с лица Ивана.

- Нет, - сказал он. – Я ещё не всё сделал по работе.

И скрылся в люке колодца.

Ритмическая музыка владела миром: нарядная Нюра танцевала соло.

Голос читающего сказал:

"Где, как, когда всосала в себя из того русского воздуха, которым она дышала -- эта графинечка, воспитанная эмигранткой-француженкой, этот дух, откуда взяла она эти приемы, которые pas de châle давно бы должны были вытеснить? Но дух и приемы эти были те самые, неподражаемые, не изучаемые, русские, которых и ждал от нее дядюшка. Как только она стала, улыбнулась торжественно, гордо и хитро-весело, первый страх, который охватил было Николая и всех присутствующих, страх, что она не то сделает, прошел и они уже любовались ею."

Сидя за накрытым празднично столом, Валетов Иван тёплым взглядом следил за неожиданно изящными и красивыми телодвижениями дородной Нюры. И улыбался.

Муж Нюры Николай, по габаритам не уступающий Нюре, опершись мощным подбородком на могучие кулаки, беспросветно и сурово думал о чём-то своём...

Потом музыка смолкла, и Нюра рассмеялась. Она дурашливо взлохматила Ивану волосы, чмокнула его в лоб и тщательно вытерла с него следы помады.

- А ты, Ваня, небось думал, что Нюра Гракова умеет только пивом торговать, да разделять чужое горе! – сказала она. – А я – вон какая! Я же, Ваня, до нынешнего капитализма, была беспечной, как божья пташка! Жаль, мы не встретились тогда!

Муж Нюры Николай вдруг шумно сдвинул посуду со своего края стола на середину.

- Дела! – сказал он озадаченно. – Дела так дела!.. Никак, и правда, Иван тебя могут засудить!

Валетов Иван беспечально кивнул:

- Могут.

- Никак, засудят! – сокрушённо вздохнул Николай.

Иван снова кивнул.

- Да за что?! – взорвалась неожиданно Нюра. – За что? «Засудят, засудят»! За что судить-то? Ведь вот, не знает человек, в чём дело, а туда же – «засудят»!

Николай вышел из тяжёлой задумчивости, обвёл взглядом собеседников.

- Дак при народе вмазал неприкосновенному капиталисту по шее! – оправдываясь, сказал он.

- Ну и что? – опять взорвалась Нюра. – А капиталист что, не человек, что ли? Это, во-первых! Во-вторых, схлопотал за то, что постороннюю девчонку без спросу в свой лимузин хотел затащить! А в-третьих, эти непрошенные хозяева жизни, сами напрашиваются! Ты перед ним и кланяешься, и по имени отчеству, чванливого князя-грязя, величаешь – всё ему мало! Он ещё и порядочных девчонок ловит на улице, как своих подневольных!

Нюра вгорячах осушила бокал и села.

- У меня всё! – сказала она.

Помолчали.

- Тебя тоже, Нюра, надо сажать, - рассудил потом Николай. - Но твоё дело - второе! Пока надо думать, как Ивана спасать!..

- Да нет, ребята, - беспечно возразил Иван, продолжая любоваться Нюрой. – В общем-то, я виноват, конечно. Девчушка-то, как она сама сказала у следователя, была его подруга. Просто они поссорились тогда...

- Брехня! – взвилась Нюра опять. – Запугал её или подкупил! Чтоб у этого гнилого прыща когда были такие хорошенькие девчонки? Бред! Всё покупают, сволочи, всё продают!

Николай оторвал взгляд от своих кулаков.

- А ты откуда знаешь, что он – прыщ? – спросил Николай.

- Господи, да это же - недоношенный сын богача Запрудного!

- Того, что держит маслозавод? - Николай криво ухмыльнулся: - Понятно! – И снова забылся в тяжкой думе...

Трижды зазвонил телефон и умолк.

- Никак, диспетчер разыскивает, - отрешённо предположил Николай, приподнимаясь. - Шли бы вы, отдыхающие, погулять, что ли, пока я за баранкой что-нибудь придумаю для всех нас!..

На улице сгущался вечер. Мокрая осень зажгла фонари. Грусть капала с голых ветвей на головы, на плечи...

Притихшая Нюра поглядывала на Ивана. Иван размягчённо улыбался и был весь в себе - он слушал ниоткуда всплывшие звуки вальса: **«тарам-тарам-тарам-там-там»**...

Шедшая рядом Нюра его окликнула:

- Ваня!

Он её не услышал.

«Тарам-тарам-тарам-там-там»...

- Ваня! – ещё раз окликнула Нюра.

Выходя из забытья, Иван спросил:

- Что, Нюра?

- Ты, правда, считаешь меня близким себе человеком?

- Да, Нюра!

- Да за что?! Я же грубая и очень толстая баба!

- Ты, Нюра, надёжный и добрый друг.

Нюра облегчённо вздохнула и взяла Ивана под руку.

- Ваня! – сказала она чуть позже.

Он опять её не услышал: «**тарам-тарам-тарам-там-там**»...

- Ваня!

- Что, Нюра?

- Расскажи что-нибудь о себе.

- Да я в твоей пивной, кажется, тебе уже всё давно рассказал.

- А ты ещё расскажи! Тебе же станет легче. Вот, например, об чём ты думал теперь?

- Теперь?

- Да. Когда не услышал меня.

- Теперь, Нюра, я думал о вальсе.

- О каком вальсе?

- О том, который так и не станцевал.

- И теперь об этом жалеешь?

- Да. Особенно теперь, когда так ощутимо запахло холодным севером...

- Я тебя понимаю. Расскажи!

Они вошли в сквер, опустились на сухую скамью. Иван вынул из кармана пачку папирос, зажигалку. Закурил.

- Был у нас в отделении сержант по прозвищу Флюгер, - сказал он с несходящей с губ улыбкой. - Вёрткий такой, шустрый парень. А с девушками танцевать боялся - танцевал только со мной. Ну, и уговорил он меня в одно воскресенье сходить на танцы в какое-то село... Пришли. Вечер в разгаре. Народу полно. Шум, смех...

Иван умолк, прислушиваясь к торопливому стуку каблучков. Напрягся... Мимо прошла девушка под розовым зонтиком.

- Да, - продолжил Иван. - Объявляют белый вальс с хлопушками. Мы с Флюгером спокойно танцуем вдвоём. И вдруг я слышу за спиной очень взволнованный девичий голос: «Не надо! Пожалуйста, не надо!» И тут же кто-то хлопает меня по плечу. Не в ладоши, как положено, а по плечу. Флюгер сразу куда-то исчез, я оборачиваюсь и вижу: молоденький лейтенант крепко держит за руку перепуганную девушку и строго смотрит на меня. «Товарищ солдат, она хочет с вами танцевать!» - говорит он. Громко так говорит, с кровной какой-то обидой в командирском голосе... и уходит. А меня, словно громом поразило: такая она хорошенькая, эта девушка, светлая!... стою и стою, до тех пор, пока девушка эта не заплакала и не убежала... А потом, когда возвращались в казарму, Флюгер сказал, что она, эта девушка, - невеста лейтенанта и что свадьбы у них теперь не будет. А наутро мы снялись по тревоге, да так в те места и не вернулись... Так я главного вальса своей жизни и не станцевал.

Нюра, во все глаза глядевшая на Ивана, обеими руками зажала себе рот.

- Ваня! – почти испуганно сказала она. – Я её знаю - это Люся!

Снова послышался дробный стук каблучков... Ещё одна девушка прошла мимо.

Валетов Иван сидел с каменной улыбкой на устах, не шевелясь.

- Она, Ванечка! – выдохнула Нюра.- Люся сама мне что-то такое рассказывала. Она, как и ты, с тех пор всё ждёт и ждёт! Едем! Лови машину, Ванечка!

Иван смотрел на неё и не двигался.

Тогда Нюра оставила его и сама бросилась через сквер, к оживлённому перекрёстку...

Они вышли из машины у подъезда высотного дома и постояли, осматриваясь. Нюра цепко держала Ивана за руку.

- Здесь! – сказала она. – Так одна и живёт десять лет!

Иван попытался освободиться.

- Надо бы цветов купить, Нюра, – сказал он, веря и не веря в происходящее.

- Потом! - заторопилась Нюра. – Пока будешь за цветами бегать, кто - нибудь твой вальс станцует вместо тебя!

В лифте она критически оглядела Ивана. Покивала головой.

- Вот же жизнь! – сказала Нюра. – Она же про тебя все уши мне прожужжала!.. Название села того знаешь?

- Нет. Я после ранения два месяца не приходил в сознание. Не то что названия села, имени своего долго не мог вспомнить...

- Запомни: село называлось Волошка!

Лифт остановился. Они прошли к двери, за которой кто-то играл на пианино. Нюра в последний раз оглядела Ивана, нажала на кнопку звонка.

Чарующие звуки мелодии смолкли. Послышались торопливые шаги.

- Как бы нас, всех троих, один удар не хватил! – прижала Нюра к сердцу руку.

Предварительно щёлкнув запорами, дверь отворилась. Высокая женщина в концертном платье строго глянула на Нюру, и вдруг радостно, хорошо заулыбалась.

- Боже мой, Нюрочка! – сказала она. – Как хорошо!

И они дружески расцеловались.

- Я не одна пришла, Люся! – радостно прошептала Нюра.

- С кем же?

- С НИМ!

Женщина в концертном платье нервно хрустнула тонкими пальцами, посмотрела по сторонам и застыла в немом изумлении.

Нюра со страхом обернулась.

Лестничная площадка была пуста.

Промозглая осень смертоносно заскрежетала тормозами автомашин, ухнула грохотом разбитого стекла и металла...

Пассажирский поезд вёз в одном из вагонов вчерашнего жениха Модеста и вольного казака Никиту Шматова...

А у дома с зажёнными тёплым светом окнами на этажах махала рукой долговязому пареньку девушка под розовым зонтиком.

Не очень молодые супруги бережно вводили в подъезд старушку с апельсином в руке.

Красивая женщина несла на руках спящего ребёнка...

Шёл по улице Валетов Иван...

У подъезда своего дома поджидала его обиженная Нюра.

- Что ж ты сбежал? – спросила она, когда Иван подошёл.

- Я люблю, Нюра, другую. Это была не она... Вынеси, пожалуйста, мой портфель.

- Не она?.. Вот беда, Боже ж ты мой!.. А куда ж ты теперь?

- Попрощаюсь с учителем.

Над лесом телевизионных антенн поднималось жёлтое солнце.

Голос читающего сказал:

"На другой день он проснулся поздно. Возобновляя впечатления прошедшего, он вспомнил прежде всего то, что нынче надо представляться императору Францу, вспомнил военного министра, учтивого австрийского флигель-адъютанта, Билибина и разговор вчерашнего вечера. Одевшись в полную парадную форму, которой он уже давно не надевал, для поездки во дворец, он, свежий, оживленный и красивый, с подвязанною рукой, вошел в кабинет Билибина."

В сонном городе из стекла и бетона слышались крики петухов, блеянье овец и райское щебетанье певчих сказочных птиц. Обилие этих звуков наводило на мысль о несметных стадах и о тысячных стаях пернатых. Но это было не так. Так проказничало многоэтажное эхо.

Петух же был один. Овца – одна. Канареек – три. Птицы сидели в обособленных клетках, утопающих в зелени комнатных растений, а овца была привязана к ножке массивного стола, на котором весь птичник и размещался. И весь этот живой уголок сиротливо приютился у фасада старой деревянной развалюхи, стоявшей у подножья современного здания-исполина. Здесь же приютились несколько стульев, на одном из которых сидел древний старик в праздничном одеянии... Приставив ко лбу ладонь, старик подслеповато вглядывался в пространство перед собой.

- Здравствуй, дядь Тимофей! – радостно сказал Валетов Иван, подходя.

Старик опустил руку на острое колено и кивнул.

- Ага, - сказал он устало. - Здравствуй, Ванюшка. Садись.

Иван опустился на свободный стул, рядом поставил тяжёлый портфель.

- Переезжаете? – спросил.

- Что ж делать? Под снос идём... Если гора сама приходит, надо на неё влезать. И поздновато, и трудно, а надо... Не это меня волнует. Другое здесь дело: на поверку выходит, что всё, чем я жил долгие годы и что лелеял, людям теперь и даром не нужно. – Дед кивнул на живность и утварь. - Третий день всё это выволакиваю, чтоб хоть кому радость принесть, а всё без толку.

Валетов Иван поглядел на стариково богатство, и понимающе кивнул: взгляд его задержался на вбитом в землю колышке с фанерной перекладиной. **«Раздаётся даром»** - было написано на самодельном щитке.

- Беда, да и только! – вздохнул дед Тимофей. – И что делать, ума не приложу: тащить всё это в блеск новой квартиры – и много и лишне, а перебить и порезать рука не поднимается. Просто беда!

Иван расстегнул свой портфель, вынул лист чистой бумаги и ножницы.

- Беда твоя, дядь Тимофей, - не беда! – сказал он, разрезая лист бумаги на небольшие квадраты. – А тётка Варвара где?

- Где ж ей быть? – сказал дед, с любопытством наблюдая за затеей Ивана. – С основным барахлом стережёт новую квартиру!

- Жаль. А я мечтал у вас чаю попить.

- Это мы и без Варвары сварганим, - сказал дед Тимофей. – А чего это ты мастеришь?

- Ценники.

- Для чего?

- Чтоб люди знали цену твоему богатству.

- Ха! – неожиданно весело рассмеялся старик. – Сколько я тебя не учил, всё без толку! Даром не берут, ты это можешь понять?

- И не возьмут.

- Так на что, извини, твои ценники эти сдались?

- На то, дядь Тимофей, что люди давно отвыкли от людского к себе отношения – им всё кажется, будто любая доброта – это подвох. И чужое им даром не нужно. Так уж привык современный человек, что за всё нужно платить... Сколько стоит, например, петух на базаре?..

Потом они, сидя на низком подоконнике, пили чай в пустой комнате.

- Всё носишься, Ванюшка, по свету! – неодобрительно сказал старик после долгого молчания!.. Куда ж теперь?

- Скорее всего - на север.

- На работу или всё мечтаешь свою кралю найти?

- На работу, дядь Тимофей, на работу! Наверно, буду лес валить.

Дед покивал головой:

- Ну, лес так лес.

Старик допил чай и поставил чашку на блюдце кверху дном.

- Спасибо, Ванюшка! – сказал он, обнимая Ивана. – Спасибо, сынок, что не забыл. Я всегда знал, что ты своё место в жизни найдёшь... А там, глядишь, и с кралей какой всё уладится. Верно, нет, - говорю?

- Верно, верно!

- Ну, прощай!

Когда вышли на улицу, от богатства деда Тимофея там ничего не осталось. На жухлой траве стояло сито с надписью на крутом боку, сделанной рукою Ивана: «касса». В кассе покоились какие-то деньги.

Обнажённая осень тихо грелась под лучами жидкого солнца. Парк был пуст, и молчали фонтаны.

На одинокой скамье сидел Валетов Иван и читал написанный в тетрадке от руки роман Толстого «Война и мир»:

"Над мостом уже пролетели два неприятельские ядра, и на мосту была давка. В средине моста, слезши с лошади, прижатый своим толстым телом к перилам, стоял князь Несвицкий. Он, смеючись, оглядывался назад на своего казака, который с двумя лошадьми в поводу стоял несколько шагов позади его. Только что князь Несвицкий хотел двинуться вперёд, как опять солдаты и повозки напирали на него и опять прижимали его к перилам, и ему ничего не оставалось, как улыбаться."

Закурил, устремил задумчивый взгляд в глубину столетней аллеи... и увидел идущего к нему улыбающегося мужа Нюры Николая.

- Ну дела! – сказал как ни в чём не бывало Николай, усаживаясь рядом. Вынул из внутреннего кармана куртки сложенный вчетверо лист бумаги, протянул. - Вот, возьми и порви своими руками.

- Что это?

- Заявление в органы от того прыща, что девчонку с улицы хотел затащить в своё авто... Я ему так классно подставился на своём допотопном «москвиче», что он, помимо согласия на ремонт, забрал и это заявление.

Иван перевёл взгляд в свою тетрадь.

Николай подержал на весу протянутое заявление прыща, затем разорвал его на мелкие кусочки и выбросил в урну.

- Ты не рад, что теперь свободен? – спросил он.

- Рад, Николай, рад - ответил Иван, отрываясь от тетради.- Спасибо тебе! Только я уж как-то настроился на север... Ничего, видишь ли, в нас, в людях, не меняется столетиями: там были мерзавцы и герои, есть они и здесь; там были любимые и нелюбимые, есть они и здесь. Там были настоящие друзья и предатели, есть они и здесь. Меняются режимы и мундиры, а люди всё те же. Как нержавеющие роботы, однажды запрограммированные каждый на своё. Даже вот это написано, будто сейчас: **«В минуты отъезда и перемены жизни на людей, способных обдумывать свои поступки, обыкновенно находит серьезное настроение мыслей. В эти минуты обыкновенно поверяется прошедшее и делаются планы будущего.»**

Николай заглянул в тетрадь Ивана:

- Что это?

- Лев Николаевич Толстой, «Война и мир»

Сеялся мелкий дождь. Блестели тускло рельсы. По ним торопливо прошлёпал маневровый тепловоз.

По радио вокзала объявили о скором прибытии поезда дальнего следования. Встречающие, отъезжающие и провожающие высыпали на мокрый перрон.

Извиняясь, сквозь толпу пробежал полицейский патруль.

Из сизо-влажной пелены, сотрясая перрон, подошёл и мягко остановился поезд.

Несколько минут длилась обычная в таких случаях неразбериха с бурными приветствиями и прощальными напутствиями...И вдруг в конце поезда вовсю залилась гармошка.

Потом, горланя разухабистую песню и круто развернув меха двухрядки, из толпы, что кучковалась вдоль поезда выступил на перрон вольный человек Никита Шматов. В петлице его расстёгнутого пиджака парализованной старушкой дёргалась увядшая хризантема.

Гармониста бережно поддерживали под локти двое полицейских.

Следом, в сопровождении третьего полицейского, интеллигентно подпевая, нёс общий багаж вчерашний жених по имени Модест.

Проходя мимо, гармонист неожиданно резко свернул меха гармошки и, оторвавшись от сопровождающих, набросился с объятиями на отъезжающего Валетова Ивана.

- Мамка-любка! – радостно закричал он. – Кого я вижу: ротный запевала! Не узнаёшь? Я же – Никита Шматов! Не признаёшь?

Отбиваясь, Валетов Иван не признавал.

Подоспевшие полицейские силой оторвали Никиту от растрёпанного Ивана и повели дальше.

Не понявший происходящего вчерашний жених Модест всё же счёл нужным поздороваться с человеком, которого только что так пылко обнимал его старший попутчик.

- Здравствуйте! – вежливо сказал он, нестойко поклонившись. – Примите, пожалуйста, привет из дальнего Севера!.. То есть, мы направляемся именно туда...

Но и его увели вслед за лихим Никитой, который, вырываясь, кричал со слезой в голосе:

- Не признаёшь? Эх, мамка-любка! Кого не признаёшь? Флюгера не признаёшь, верного сослуживца! Где правда? Где память добрых дней? Нету! Всё прогнило, всё погрязло!

Иван, переборов минутную остолбенелость, с запоздалым раскаянием ринулся на помощь бывшему сослуживцу.

- Флюгер! – радостно-растерянно бормотал он. – Флюгер, друг! – и закричал: - Идуу!

Поезд испуганно тронулся.

Путешественников уже вводили в комнату полиции, когда их догнал Иван.

- Я с ними! – категорически заявил он полицейскому и вырвал из рук Модеста футляр от Никитиной гармошки. – Мы ехали в одном вагоне!

И, решительно оттеснив представителя власти, вместе со всеми вошёл в комнату милиции.

В комнате, с левлй стороны, стоял стол с телефонами, за которым сидел дежурный стареющий старшина. Правая половина комнаты была отгорожена от вольного мира аккуратными решётками, какие можно видеть в любом зоопарке, За решётками пустовали в ожидании «гостей» два топчана из голого дерева. По бокам решёток свисали гостеприимно раздвинутые шторы из плотного материала.

- Так! - молодо сказал старшина, весело разглядывая вошедших.- С приездом, значит!.. Документы!?

- А в чём дело?! – взвился лихой гармонист. - Что такое? Кхто такой?

- В самом деле, - поддакнул вчерашний жених Модест, - Куда мы приехали? Это Север?

Иван напористо протолкался вперёд и выложил свой паспорт.

- Этот - примкнувший, товарищ старшина! – доложил ефрейтор.

- Что значит «примкнувший»?

- Доброволец. Он в поезде не ехал.

- Как это не ехал? – запротестовал Иван. - Мы с товарищем Флюгером не то что ехали, - мы вместе служили, делили невзгоды! А теперь вместе пили в вагоне! Нет, товарищи полицейские, я ехал! Они вот подтвердят! Ребята, скажите им: ехал я или не ехал?

- Ехал! – подтвердил юный Модест. Иван ему понравился. – Как сейчас помню! Вначале не хотел, потом я ему сказал: «Поехали, пожалуйста, мне же надо свадебный долг отработать!» И он поехал. Сел в поезд и поехал... Мы же с ним в школе вместе учились, а потом приехали на этот Север. Правда, Никита Николаевич?

- Какой разговор? – радостно заулыбался Никита. – Вместе ехали, вместе сошли! Потому что это есть наш, общий, перрон прибытия!.. Дай я тебя расцелую, мамка-любка-ротный запевала!

- Отставить цирк! – повысил голос старшина. - Снять с плеч гармонь!

Никита струсил и повиновался.

- Вы знаете, за что ссадили с поезда этих субчиков? – обратился старшина к Ивану. - Они в пьяном виде дебоширили, распевая похабные песни! А вы, гражданин, трезвый. Значит, никакого отношения к данному делу не имеете.

- Нет, имею! – заупрямился Иван. - И самое прямое - это мои школьно-армейские друзья! Я с ними учился, служил и ехал!

Старшине история начинала надоедать.

- Ехал, не ехал, - какая разница?- отмахнулся он. - Вы - трезвый, гражданин, а эти - лыка не вяжут!

- Я тоже не умею вязать, ну и что!? – настаивал на своём Иван. - Я хочу быть с ними вместе! Я прошу меня задержать!

Старшина молча протянул Ивану паспорт.

- Задерживать вас нет оснований, - сказал он.

- Почему? – возмутился Иван. - Я такой же, как они! Даже хуже - я подписку дал!

Говорить с ним старшина больше не захотел.

- Идите! – сухо сказал он, переводя весёлый взгляд на притихших странников.

- Ладно! – пригрозил Валетов Иван. – Я докажу! Кое кому кое что! Я с тобой, Флюгер, не бойся!

И, хлопнув дверью, вышел. У него, повидимому, созрел план каких-то конкретных действий. Он направился прямо в ресторан вокзала...

Здесь играла музыка и сидело множество пассажиров хорошего настроения.

Иван повертел головой, прицеливаясь, куда бы сесть.

За ним с повышенным интересом наблюдала хорошенькая официантка.

- Этот - мой! – сказала она мимоходом своей подруге, и с приветливой улыбкой заторопилась к Ивану.

- Здравствуйте! – сказала она. – У нас сегодня тесновато. Но вы не беспокойтесь – для вас имеется служебный стол. Идите, пожалуйста, за мной!

Она провела Ивана к служебному столику:

- Что будете заказывать?

- Грамм пятьдесят водки... для запаху!

Официантка кивнула и ушла.

Иван осмотрелся.

Люди веселились, кто как умел. Кто-то танцевал, кто-то...

Из-за ширмы на Ивана смотрели все свободные от работы официантки.

Хорошенькая их подруга принесла на подносе единственную рюмку водки. Иван тут же её залпом выпил и, забыв о своём порфеле, помчался к выходу...

- Всё! – объявил он, ворвавшись в комнату полиции.

Здесь обстановка несколько изменилась. Исполнители непристойных песен освистанным дуэтом расположились за решётчатым занавесом. А дежурный музыкальный критик в творческом одиночестве изучал какую-то партитуру.

- Что всё? – спросил он равнодушно.

- Я выпил водки!

- Ну и на здоровье!

- Я могу остаться?

- Нет. Идите!

- Но я пьян и ехал в поезде!

- Идите! Пьяные так не рассуждают.

- А как они рассуждают?

Старшина оторвался от бумаг, глянул в сторону освистанных певцов.

- Так по какому поводу, гражданин Шматов, вы до такой степени напились? – спросил он осоловелого Никиту.

- Ещё раз говорю: я ничего не пил! – упрямо сказал Никита, с трудом ворочая языком.

- Вот как рассуждают пьяные, - мудро прокомментировал его ответ старшина. - Идите!

Поздняя осень продолжала грустить.

Подняв воротник плаща, Валетов Иван вышел из здания вокзала, прошёл в соседний сквер, устало опустился на мокрую скамью.

За ним потерянно приплёлся со своим чемоданом вчерашний жених Модест и присел рядом.

- Меня отпустили, - пожаловался он Ивану. - Только оштрафовали, и отпустили.

- А где Флюгер? - спросил Иван, ища взглядом армейского друга.

Модест безнадежно махнул рукой.

- Там, - сказал он. – Никита Николаевич, оказывается, ещё и целовал проводника на рабочем месте.

- Ну и что?

- А она не хотела... этого.

- Его не выпустили?

- Нет. Его хотят отправить не то в какой-то изолятор, не то в вытрезвитель.

В глазах Ивана вспыхнула надежда.

- Иди в здание, не мокни! - сказал он и, налегке помчался к телефонной будке, набрал там нужный номер.

- Следственный изолятор? – спросил Иван. - Мне нужен лейтенант Лесин... Послушайте, лейтенант: это Валетов Иван. Тебе, правда, интересно знать, для чего мне, слесарю, понадобилось переписывать от руки роман Толстого «Война и мир»?.. Сделай, пожалуйста, одно одолжение, и я тебе всё скажу...

Армейские товарищи, тихо улыбаясь, смотрели друг на друга сквозь металлические решётки.

- Ты сильно изменился, Флюгер, - сказал Иван. – Я тебя не сразу узнал.

- А ты – нисколько, - ответил Никита. – Волосом только посерел. Несладко жилось?

- Я не жалею, - уклонился от прямого ответа Иван.

- Думаешь, я жалею? – оживился Никита. – Да для меня, мамка-любка, всё вот это – жизнь настоящая и есть! – он обвел камеру весёлым взглядом. – Поживу здесь, поеду дальше!

- Раньше ты, кажется, мечтал о другом.

- Раньше ты был лучшим запевалой в полку. А теперь часто поёшь? - Никита посветлел лицом и рассмеялся. - Помнишь, как я тебе в подушку живую ящерицу зашил?

- Нет.

- Как не помнишь?! В палатке мы тогда жили. На дальнем посту. Ночь такая лунная, тихая. Мы с тобой только сменились и спать улеглись. А ты вскочил и говоришь: «Кажется, кто-то крадётся!» Только приляжешь, и опять: «Кажется, кто-то крадётся!» Не помнишь?

- Нет. Я многого не помню. Так получилось. Я, знаешь, что помню? Как мы в последний раз на танцы ходили, - сказал Иван.

- А! - опять посмеялся Никита-Флюгер. - Это, когда на тебя Настёха запала?

- Какая Настёха?

- Ну, брошенная невеста лейтенанта, а потом моя бывшая жена. Я же потом туда вернулся, в село то. Ну и спас, так сказать, девушку от всеобщего позора. А она, оказывается, с тех пор меня и невзлюбила.

Иван молча и недоумённо смотрел на Никиту.

- Помнишь? - спросил Никита. - Село КрЫлечко? Вальс...

- Крылечко? - переспросил Иван.

Никита отрицательно качнул головой.

- КрЫлечко, - поправил он. – От слова «крыло».

В двери комнаты полиции звякнул ключ. Вошёл полицейский наряд...

Валетов Иван бесцельно побродил по шумному залу ожидания, опустился в свободное кресло.

За ним следом приплёлся откуда-то с вещами вчерашний жених Модест.

- Вы не подскажете, как мне теперь быть? – спросил он, присаживаясь рядом. – Ждать Никиту Николаевича или двигаться дальше?

Иван глянул на него и не ответил.

- А если ждать, то где приютиться? – рассуждал дальше Модест. – На гостиницу тратиться не хочется, а ждать целых пятнадцать суток, это!..

Иван посмотрел на часы, перевёл взгляд на расписание поездов, которое висело напротив, и стал его изучать.

- А может, пока не поздно, вернуться домой? – продолжал развивать свою тему Модест. – В конце-концов, что такое этот свадебный долг?.. Если так будет продолжаться и дальше, то в дороге можно будет задолжать вдвое больше. Может, мне в самом деле лучше ехать домой?

Думая о своём и, решая про себя свои личные проблемы, Иван уверенно сказал:

- Ехать! Чего бы это ни стоило, ехать! – и засуетился в поисках своего портфеля.

- Спасибо! – просиял Модест, направляясь к кассам.

К Ивану подошла хорошенькая официантка из ресторана... с его портфелем в руке.

- Вы на меня не обижаетесь? – спросила она виновато.

Иван непонимающе смотрел. То на неё, то на свой портфель.

- За мои показания там... тогда в отделении полиции, - сказала девушка. - Я очень боялась. Он же перепортил жизнь многим моим подругам.

- А! - Иван с облегчением заулыбался. Отрицательно качнул головой.

- А куда вы едете? – благодарно заулыбалась и она.

- На юг. В село под названием КрЫлечко, - ответил он. - От слова "крыло".

А голос из толстовского далека сказал:

"Как в сновидении все бывает неверно, бессмысленно и противоречиво, кроме чувства, руководящего сновидением, так

и в этом общении, противном всем законам рассудка, последовательны и ясны не речи, а только чувство, которое руководит ими."

родным-дорогим Рудягиным:
Тимофею Иосифовичу, Павлине Григорьевне,
Вале, Любе, Пете, Маше, Саше и Оле.

ГНЁЗДЫШКО

пьеса-притча

Действующие лица:

Гражданин

Господин

Сэрр – предводитель сорок

Сорра – молодая сорока

Сирр – сорочий кавалер

Сурр – сорочий кавалер

Сороки

Комната Гражданина с ярко-голубым окном. Кресло, стол, звуковоиспроизводящее устройство. В литровой банке – полевые цветы.

У распахнутого настежь окна Гражданин наслаждается пением Паваротти или любого всемирно известного тенора.

Раздаётся звонок в дверь. Раз! Второй! Третий!

ГРАЖДАНИН (встрепенувшись): Открыто! Открыто!

Входит Господин с «дипломатом» в руке. На лацкане его пиджака – значок с изображением причьего пера.

ГОСПОДИН (широко улыбаясь): Господин Гражданин?

ГРАЖДАНИН (радостно): Да!

ГОСПОДИН: Правда?

ГРАЖДАНИН: Да!

ГОСПОДИН: Мы не ошиблись?

ГРАЖДАНИН: Нет!

ГОСПОДИН: Прекрасно! А я – Граждонин Господин!.. Улавливаете незначительную разницу?

ГРАЖДАНИН: Нет!

ГОСПОДИН (терпеливо): Вы – Господин Гражданин, я – Гражданин Господин! Теперь улавливаете?

ГРАЖДАНИН (смеётся): Нет!

ГОСПОДИН: Сейчас уловите! (усаживаясь в кресло, кивает на работающие звуковоспроизводящее устройство). Соловей?

ГРАЖДАНИН: Соловей!

ГОСПОДИН: Прекрасная птица! Сколько лет нудит одно и то же, и никак не может надоесть! Верно я говорю?

ГРАЖДАНИН (переставая улыбаться): С-совершенно верно...

ГОСПОДИН (разглядывая цветы в банке): А это – первые полевые цветы! Верно?

ГРАЖДАНИН (кивает): Цветы.

ГОСПОДИН (пальцами разминает лепестки цветов, нюхает): И, как мне кажется, полевые?

ГРАЖДАНИН: Да. Полевые.

ГОСПОДИН: То-то вот. Разбираемся! Верно?.. А откуда у городского Гражданина полевые цветы? Ходим ножками в поле?

ГРАЖДАНИН: Н-нет. Мне по утрам их приносят Дрозды.

ГОСПОДИН (с интересом смотрит на Гражданина): Вот как? Любопытно! (снова кивает на звукопроизводящее устройство) Всем птицам птица!.. А записей синичек у вас нет?

ГРАЖДАНИН: Есть.

ГОСПОДИН (радостно): В самом деле? Ну-ка, сообразите! Давненько я синичек не слышал!

ГРАЖДАНИН (меняет диск): Они теперь вьют гнёзда.

ГОСПОДИН: Синицы? Разве не зимой?

ГРАЖДАНИН: Нет. Зимой вьют гнёзда Клесты.

ГОСПОДИН: А! Да-да-да! Верно, верно – Клесты! Уникальная птаха, верно?

Гражданин нажимает на «пуск» устройства. Раздаётся чарующий голос Лары Фабиан или другой известной зрителям певицы.

ГОСПОДИН (послушав): Ох-ох-ох!.. Щебетуха! Ишь, наяривает! Ах ты ж, моя красногрудочка!

ГРАЖДАНИН: Желтогрудочка.

ГОСПОДИН: Что вы сказали?

ГРАЖДАНИН: Красногрудые – Снегири.

ГОСПОДИН: Да?.. Ну и чёрт с ними! (улыбается, вынимает из «дипломата» бумаги). Чёрт с ними, с красавцами!.. Знаете что, господин Гражданин?

ГРАЖДАНИН: Что?

ГОСПОДИН: Говорят, что вы держали в квартире Сороку... А? Верно?

ГРАЖДАНИН: Я и теперь её держу.

ГОСПОДИН: Та-ак! (настойчиво) А зачем вы ее ДЕРЖАЛИ?

ГРАЖДАНИН: Я и теперь её...

ГОСПОДИН (перебивает): Отвечайте по существу! Зачем вы её ДЕРЖАЛИ?

ГРАЖДАНИН: Она меня об этом попросила.

ГОСПОДИН (смеётся): Сорока?

ГРАЖДАНИН: Сорока.

ГОСПОДИН: Ишь, она какая! Расскажите-ка об этом подробней. Я должен составить протокол.

ГРАЖДАНИН: Протокол?.. Какой протокол?

ГОСПОДИН: Видите ли, я – из Общества охраны пернатых... А вы из какого будете общества?

ГРАЖДАНИН: Я?

ГОСПОДИН: Да, вы! Я – из Общества охраны пернатых. А какое Общество здесь представляете вы?

ГРАЖДАНИН (совсем растерялся): Не понимаю...

ГОСПОДИН: Не валяйте дурака! Я вполне вразумительно вас спрашиваю: .. (раздражённо кивает на звуковоспроизводящее устройство) Да выключите вы эту пищалку!.. какое Общество вы здесь представляете?

ГРАЖДАНИН (трёт лоб): Общество... Общество... Это...

ГОСПОДИН (поощряя): Ну-ну-ну!

ГРАЖДАНИН: Общество... Людей.

ГОСПОДИН (назидательно): Во-от! (улыбается, записывает в протокол) Общество Людей! Значит, и держать в квартире вы вправе только Людей. При чём тут наша Сорока?

ГРАЖДАНИН: Но она попросилась. И потом...

ГОСПОДИН: Прекрасно! Ну, предположим. Когда это случилось?

ГРАЖДАНИН: Это?.. В прошлом году.

ГОСПОДИН (неожиданно резко): Месяц?!

ГРАЖДАНИН: Что?

ГОСПОДИН: Какой месяц?

ГРАЖДАНИН: Осенний.

ГОСПОДИН (пишет): День?!

ГРАЖДАНИН: Почему вы кричите?

ГОСПОДИН (смеётся): А почему я должен шептать? Я работаю, господин Гражданин!.. (кичит) Какой день?!

ГРАЖДАНИН: Жёлтый... С мелким дождём.

ГОСПОДИН (пишет): Дальше?

ГРАЖДАНИН: Что дальше?

ГОСПОДИН (улыбается): Пока не знаю. Узнаю, запишу... Ну, хорошо. Давайте сначала... Стояла жёлтая осень, шёл мелкий дождь, вы... Что делали вы?

ГРАЖДАНИН: А! Вот вы о чём!

ГОСПОДИН: Ну, конечно! Делов-то всех!.. Итак!

ГРАЖДАНИН: Стояла жёлтая осень, шёл мелкий дождь...Я слушал печальные крики Ворон, смотрел на падающие за окном листья и... сочинил стихи.

ГОСПОДИН (живо пишет): О! Так-так!.. Вы – поэт?

ГРАЖДАНИН: Нет. Просто я тогда был одинок, а одинокие Люди склонны к мечтаниям... А мечтания должны во что-то воплощаться...

ГОСПОДИН: Понятно! Какие вы сочинили стихи?

ГРАЖДАНИН (смущаясь): Да ну-у...

ГОСПОДИН: Ну-ну-ну!

ГРАЖДАНИН: Наверно, не стоит.

ГОСПОДИН: Стоит, стоит! Ну же! Какие вы сочинили стихи?

ГРАЖДАНИН: К-гм!.. Я тогда был очень одинок, и сочинил стихи... Но это были не великие стихи... Я хочу сказать: непрофессиональные стихи. Но они были созвучны состоянию моей души.

ГОСПОДИН (нетерпеливо и настойчиво): Какие стихи?

ГРАЖДАНИН: Очень личные.

ГОСПОДИН: Понятно, понятно! Я спрашиваю: какие стихи?

ГРАЖДАНИН: Выстраданные.

ГОСПОДИН (подозрительно смотрит на Гражданина): Вы слегка с завихрением?

ГРАЖДАНИН: Что вы сказали?

ГОСПОДИН (вертит пальцем у виска): Этим делом не страдаете?

ГРАЖДАНИН: Нет.

ГОСПОДИН: Ну так прочитайте эти стихи, боже мой!

ГРАЖДАНИН: А-а!

ГОСПОДИН: Ну да!

ГРАЖДАНИН: Но они очень интимные.

ГОСПОДИН (молча смотрит на Гражданина, постукивает авторучкой по столу).

ГРАЖДАНИН: Ну, хорошо... Но я так не могу. Я должен хотя бы войти в образ.

ГОСПОДИН: Входите!

Гражданин подходит к звуковоспроизводящему устройству, ищет нужный диск, заряжает, включает. Льётся печальная мелодия осени.

ГРАЖДАНИН (декламирует):

> Неіснуюча – уюча, оюча
> І не любляча – уча, оча
> Не цілуюча, не милуюча,
> Ти і в серці моім, і в очах...

ГОСПОДИН (отмахивается): Достаточно!

ГРАЖДАНИН (находять далеко): А?

ГОСПОДИН: Достаточно!

ГРАЖДАНИН: Но я только вошёл...

ГОСПОДИН: Выходите! Что было дальше?

ГРАЖДАНИН: Дальше?.. Дальше явилась Она.

ГОСПОДИН (отрываясь от бумаг): Ваша «оюча, уюча»?

ГРАЖДАНИН (кивает): Сорра.

ГОСПОДИН: Кто она, эта Сора?

ГРАЖДАНИН: С двумя «эр», пожалуйста! Сор-ра!.. Сорока.

ГОСПОДИН (некоторое время смотрит на Гражданина, пишет): Продолжайте!

ГРАЖДАНИН: Она была испачкана грязью и волокла подбитое крыло. Она сказала: «Я промокла и кто-то недобрый запустил в меня камень. Приютите, пожалуйста!»

ГОСПОДИН (отрываясь от бумаг): Знаете что, господин Гражданин?

ГРАЖДАНИН: Что?

ГОСПОДИН: Не морочьте мне голову! Как Сорока могла СКАЗАТЬ?

ГРАЖДАНИН: Очень грустно: «Приютите, пожалуйста!»

Затемнение. В воспоминаниях Гражданина появляется несчастная молоденькая актриса – Сорра. На верёвочке она что-то тянет за собой.

СОРРА: Я промокла, и кто-то недобрый запустил в меня камень. Приютите, пожалуйста!

ГРАЖДАНИН (недоумённо и радостно): Сорока! Ей-богу, Сорока! Здравствуй, Сорока!

СОРРА: Меня зовут Сорра. С двумя «эр»!

ГРАЖДАНИН: Сорра! Так?

СОРРА: Так.

ГРАЖДАНИН: Невероятно! Восхитительно! Прекрасно!.. Сорра! Очень-очень рад! (указывая на то, что на верёвочке). А это что?

СОРРА: Перебитое крыло.

ГРАЖДАНИН (в ужасе): Боже мой! Крыло? Перебитое? Какой ужас!.. Ты правильно сделала, что притащила его с собой. Я его приделаю тебе, вылечу – я это хорошо умею делать! (бросается к крылу).

СОРРА (испуганно вскрикивает): Нет, нет-нет! Нельзя!

ГРАЖДАНИН: Почему?

СОРРА: На нём останется запах Человека!

ГРАЖДАНИН: Ну и что?

СОРРА: Вольные птицы не могут терпеть запаха Человека! Он пугает их, смущает, оскорбляет!

ГРАЖДАНИН: Вот как... Я понимаю. Да, я всё это хорошо понимаю... Но крыло... С ним же нужно что-то делать.

СОРРА: Я сама. Мне бы только искупаться.

ГРАЖДАНИН: Искупаться?

СОРРА: Мне бы только тазик чистой нехолодной воды.

ГРАЖДАНИН: Воды?

СОРРА: Чистой, не очень холодной. Небольшой тазик.

ГРАЖДАНИН (бросается в ванную): Боже мой! Вольные птицы! Независимые принципы! Синее небо! Высота!

Сорра некоторое время неподвижно стоит посредине комнаты. Потом, заметив блеск чайной ложки в стакане, стоящем на столе, прыгает к столу, хватает ложку и прячет её под здоровое крыло... С большим тазом в руках появляется радостный Гражданин.

ГРАЖДАНИН: Вот и не очень холодная вода! Прошу! (опускает таз на пол). Сегодня у меня появилась и горячая, но ты же хотела не очень холодную! Прошу! Всё, что пожелаешь, к твоим услугам! Всё, что пожелаешь, - твоё!

Сорра осторожно берёт с пола перебитое крыло, торопливо садится в таз... Гражданин смущённо прикрывает глаза ладонью, выбегает и появляется снова с переносной лёгкой ширмой. Заслоняет ею Сорру... Взволнованно ходит из конца в конец, радостно потирает руки. За ширмой слышен плеск воды.

ГРАЖДАНИН: Так! Что же Сороки едят? Борщ?.. Нет. Борщ они, скорее всего, не едят. А кашу?.. Господи, как тепло на сердце! Как легко!.. Что-то случилось. Что-то будет. Что?

ГОЛОС СОРРЫ (весело, из-за ширмы):

Неіснуюча – оюча, уюча,
І не любляча – уча оча,
Не цілуюча, не милуюча,
Ти і в серці моім, і в очах!

ГРАЖДАНИН (замирая, удивлённо): Откуда ты знаешь эти слова?

ГОЛОС СОРРЫ: Я их слышала в поле от Дроздов!

ГРАЖДАНИН: О! Да-да-да... они же оттуда приносят мне цветы... Значит, подслушали! А эти слова тебе нравятся?

ГОЛОС СОРРЫ: Как солнечный дождь!

ГРАЖДАНИН (радостно): Солнечный?

ГОЛОС СОРРЫ: Как синий ветер! «оюча, уюча, уча, оча!»

Из-за ширмы появляется переодетая в белое, чистенькая Сорра.

ГРАЖДАНИН (всплёскивает руками): Пташка моя! Какая ты хорошенькая! (подбегает, целует).

СОРРА (втиснув голову в плечи, с ужасом): Что это?

ГРАЖДАНИН: Я тебе почистил клюв! (снова целует).

СОРРА (испуганно, скороговоркой): Что это? Что это? Что это?

ГРАЖДАНИН: Я тебе почистил клюв! Я тебе почистил клюв!

Из-под здорового крыла Сорры со звоном падает на пол чайная ложка. Гражданин и Сорра, вздрогнув, смотрят на ложку.

СОРРА (просяще): Приютите, пожалуйста!

Затемнение. Прежняя сцена с Господином и Гражданином.

ГОСПОДИН (иронично): И на каком же языке она это СКАЗАЛА?

ГРАЖДАНИН: На сорочьем, естественно.

ГОСПОДИН: Вы знаете сорочий язык?

ГРАЖДАНИН: Не только. Я знаю языки многих птиц.

ГОСПОДИН (торопливо пишет): Где вы их изучали?

ГРАЖДАНИН: В старом сквере. Там у меня есть укромная скамья...(мечтательно) Нам так хорошо вдвоём. Мне и Сорре!

ГОСПОДИН (ухмыляется): Ещё бы!

ГРАЖДАНИН(восторженно): Я прихожу домой, - она весело стрекочет, и я больше не чувствую себя одиноким! Вы меня понимаете?

ГОСПОДИН (ухмыляется).

ГРАЖДАНИН (приходя в себя): Послушайте, что вам угодно?

ГОСПОДИН: Сейчас всё скажу (подсовывает бумаги). Подпишите... пожалуйста!

ГРАЖДАНИН: Здесь?

ГОСПОДИН: Здесь!

ГРАЖДАНИЕ (подписывает): Если ЭТО угодно.

ГОСПОДИН: Именно ЭТО! И даже очень!.. Вот так! (прячет бумаги в «дипломат»). А теперь слушайте, недоносок!

ГРАЖДАНИН (недоумённо): Что-о вы... Как вы...

ГОСПОДИН: Слушайте, недоносок!

ГРАЖДАНИН: (воинственно) Я же могу и...

ГОСПОДИН: Слушайте!.. Во-первых, вы беспардонно влезли в дела моей фирмы – Общества охраны пернатых! Во-вторых, утаили факт этой, прямо скажем, диверсии! В-третьих, по вашей гнусной милости подведомственная нам Сорока не окольцована! И в-четвёртых, вы, ничтожный слюнтяй, убили молодую прекрасную птицу!

ГРАЖДАНИН: Убил? Я? (впивается в грудь Господина). Что вы сделали с ней? Где Сорра? Она впервые выпорхнула на четверть часа погулять... Где Сорра?

ГОСПОДИН (бьёт Гражданина по рукам): Цыц! Молчать! Смирно!

ГРАЖДАНИН (подбегает к окну, зовёт): Сорра! Сорра! Где Сорра? Она же выпорхнула только на четверть часа! Сорра! Пташка моя!

ГОСПОДИН (наблюдая, качает головой): Ах мы ж, лютики! Одуванчики! Ах, тю-тюшеньки, тю-тю! Нет больше пташки-то, нету! Есть порхающий человечишко в сорочьих перьях! И всё это сделали вы, интимный стихоплёт! И сидеть вам теперь за это здесь безвылазно! До тех пор, пока сорочье племя не вышибит из вашей милой Сорры весь человеческий дух, который вы в неё вселили! Они ведь этого духа терпеть не могут!.. Дайте ключи от квартиры! (кричит) Ключи!!!

ГРАЖДАНИН (тоже кричит): У меня нет никаких ключей! У меня нет никаких запоров! Где Сорра, негодяй? (зовёт в окно). Сорра! Сорра!

ГОСПОДИН (подходит к двери, осматривает её): Вот и пожалуйста вам! А Сорока из этого кретина состряпала беспечную пташку без ключей и без запоров! Только учтите, птенец, что подобных особей мы не регистрируем! А это значит, что вас отныне нет в природе! Нету вас, вам понятно?

2.

Старый сквер. Укромная скамья. На скамье отрешённо сидит предводитель Сорок, старый Сэрр с алюминиевым кольцом на запястье. Слышится знакомый тенор Соловья, нежное сопрано Синицы, баритон ещё какого-то певца. Все поют то одновременно, то поочерёдно единую песню любви.

Входит с «дипломатом» в руке Господин.

ГОСПОДИН(широко улыбаясь): Ну и вопли, должен сказать! (к старому Сэрру). Вы, похоже, сам Сэрр?

Сэрр отрешённо молчит. Господин осматривает кольцо на запястье Сэрра.

ГОСПОДИН: Он и есть! Послушайте, приятель, в реестре значится, что вы слегка болтаете по-человечьи. Это верно?

Сэрр молчит.

ГОСПОДИН (кричит Сэрру в ухо): Я спрашиваю, Сэрр: это верно, что вы слегка болтаете по-человечьи?

СЭРР (во всё горло): Веррно! Все взрослые Сороки города слегка болтают по-человечьи!

ГОСПОДИН (отшатнувшись): А голосок у вас далеко не певческий. А, страина?

Сэрр отрешённо молчит.

ГОСПОДИН: Так-так-так! Значит, будем молчать! А я, между прочим, из Общества охраны пернатых!.. О чём будем молчать? А, уважаемый предводитель Сорок Сэрр?.. Мало слопали наших арбузных семян? Или вам не по вкусу вода из нового фонтана, который мы для вас соорудили? Отвечайте!

СЭРР (отрешённо): Венценосного Журавля занесли в Красную книгу.

ГОСПОДИН: Скажите, какая вселенская скорбь! А вам-то что? Вы – Венценосный Журавль?

СЭРР (гордо): Я – Соррока!

ГОСПОДИН: То-то и оно. А если быть поточнее, то – старый, облезший Сорок... Слушайте меня внимательно, Соррок, и овечайте по существу вопроса, если хотите быть, как и прежде, ухоженным нами и сытым: где ваша ославленная Сорра с двумя «эр»?

СЭРР (отрешённо): Её истязают.

Слышатся крики и стоны Сорры

ГОСПОДИН: Отлично, старик! (роется в «дипломате»). Когда закончите истязать, я напялю ей на лапу вот это кольцо! Мы наконец должны это сделать для пользы вашего же племени – нам неучтённых ртов не надо!.. Вы, надеюсь, не против?

СЭРР: Прротив!

ГОСПОДИН: Не валяйте дурака, старина! Этого требует устав Общества охраны пернатых – вашего благодетеля и гаранта безбедного житья. Вы что же, многоуважаемый предводитель Сорок, думаете, что ваше безбедное порханье нам ничего не стоит? (указывая на алюминиевое кольцо). Да только вот на этот металл, присутствие которого на ваших лапках обеспечивает вашу неприкосновенность, мы тратим горы денег!.. А бумага, что расходуется на реестры? А время, которое мы тратим, решая ваши проблемы? Вы слышите: ВАШИ проблемы! У нас личных проблем нет! И мы могли бы жить и жить припеваючи, если бы не постоянные мысли о неокольцованных и неучтённых, голодных бесхозных птицах. И это – святая правда! Ведь окольцевать птицу, значит, обеспечить ей максимум прав и свобод, защитить от нападок, гарантировать беспечную жизнь! Вы не согласны?

СЭРР: Ррано!

ГОСПОДИН: Не понял!

СЭРР: Окольцовывать ррано! Она ещё не может числиться полноценной Соррокой!

ГОСПОДИН: Значит, недостаточно изощрённо истязаете!

СЭРР: Достаточно. Изощрённо.

ГОСПОДИН: Так в чём же дело?

СЭРР: В её голове роятся не птичьи заботы. Проживание в квартире Гражданина извратило её сорочий мозг. (извлекает из-под крыла клочёк упаковочного картона). Пррошу взглянуть!

ГОСПОДИН (берёт, разглядывает): «Сливки натуральные... Жирность... Срок хранения». Что это?

СЭРР: Переверните наоборот!

ГОСПОДИН (переворачивает): Какие-то кресты.

СЭРР (презрительно): Крресты! И кого присылают! Вы не читаете птичьих следов?

ГОСПОДИН: А на кой они мне?

СЭРР(возмущённо): Позор! Они «гарантируют», они «заботятся»! А не умеют читать даже наших следов!.. Это – человеческий дневник Сорры!

ГОСПОДИН: Ох! Даже так?

СЭРР: Подайте сюда! (вырывает картонку, читает). «Первое января. Моррозный новый год. У Гражданина не работает паровое отопление. С утра ушёл куда-то хлопотать. Мне без него так грустно... Восьмое марта. Женский день. Отключили свет. Мой Гражданин ушёл куда-то хлопотать. Я в чистых пёрышках печалюсь и плачу... Второе апреля. Большая стирка. Не стало никакой воды» (укоризненно смотрит на Господина).

ГОСПОДИН: Ну и что же в этом такого? Вполне нормально!

СЭРР: Ненормально, что это печалит Сороку и не волнует Людей! Будь наоборот, мы бы теперь имели полноценную птицу!

ГОСПОДИН: Только не надо на меня так печально взирать! Я – из Общества охраны пернатых, а не из Общества Людей. А у нас всё о'кей! Сами знаете, - вот и Красную книгу завели!

Впархивает порывистый, вертлявый кавалер Сирр. Гремя блестящими побрякушками, украшающими его грудь, руки и ноги, прыгает вокруг Господина и Сэрра через скакалку. Потом виснет на ветке дерева.

СЭРР (подаблюдав за ним): В чём дело, Сирр?

СИРР: В чём дело! В чём дело! В чём дело!.. Я не хочу спариваться с Соррой! От неё разит человеческим духом!

СЭРР: А она?

СИРР: Что она? Что она?

СЭРР: Она хочет с тобой спариваться?

СИРР: Не хочет! Не хочет (рыдает).

СЭРР: С этого и начинай! «Не хочу, не хочу!» Кто её теперь истязает?

СИРР: Теперь очередь выскочки Сурра!

СЭРР: А он хочет спариваться с ней?

СИРР: Хочет! Хочет!

СЭРР: Куррятник в сорочьем царстве!.. А она?

СИРР (смеётся): Не хочет! Не хочет!

СЭРР (жёстко): Истязать! Истязать! Истязать!.. Что развесился? Марш истязать!

СИРР (спрыгивает с ветки, алчно потирает руки): Истязать! Истязать! Истязать! (порывается упорхнуть).

ГОСПОДИН: Одну минуту... м-м-м... Сир?

СИРР: С двумя «эр», пожалуйста!

ГОСПОДИН: Приятно, приятно! Сир-р! А я ваш Господин!

СИРР (подобострастно): О! Р-рад! Р-рад!

ГОСПОДИН: Что это у вас так очаровательно блестит на пальце? (кричит вглубь поющего сквера). Эй там, в зарослях! Прекратите вопить! (испугавшемуся Сирру). Так что же это у вас, уважаемый Сирр?

СИРР (указывая в заросли, растерянно): Там поют глашатаи Природы! Соловей, Синица...

ГОСПОДИН: (отмахнувшись): Мелочовка, дребедень! Что у вас вот это?

СИРР (касаясь своего перстня): Вот это?

ГОСПОДИН: Это! Это!

СИРР: Бриллиант.

ГОСПОДИН (льстиво-восторженно): Да что вы говорите?!

СИРР: Да. Бриллиант.

ГОСПОДИН: Вы, Сирр, - настоящий сорочий кавалер! Причём, один из лучших!

СИРР (вздохнув): Обо мне говорят совсем другое... Противоположное.

ГОСПОДИН: Не верьте! Завидуют!.. Если я говорю, что вы настоящий сорочий кавалер, значит, так оно и есть! А я, вы знаете, кто я!.. Откуда этот чудный камень?

СИРР: Я, правда, лучший сорочий кавалер?

ГОСПОДИН: Наилучший!

СИРР (задирая нос, хвастливо смотрит на Сэрра): Я спёр этот камень, пролетая над отелем, когда он блестел на подоконнике, будто солнце!

ГОСПОДИН (ощупывая перстень): Какая прелесть! Ай да Сирр! Конечно же, Сорра будет вашей!

СИРР(задохнувшись): Вы так думаете, мой Господин?

ГОСПОДИН: И речи быть не может! Это вам говорю я! Ну-ка, ну-ка, дайти-ка взглянуть! (снимает с пальца Сирра перстень, примеряет на свой палец). Шик! Блеск! Живут же некоторые господа! Боже, как живут! (Сирру). А вы знаете, уважаемый, чем это грозит нашему Обществу?

СИРР: Блестящая жизнь некоторых?

ГОСПОДИН: Нет. Жизнь расхитителей чужого блеска? Расхитителей в сорочьем обличье. Вы знаете? Ведь всю ответственность за содеянное вами, несёт моё Общество. Вы знаете об этом, уважаемый, а? (гневно). Ах, ты ж... А ну, кыш отсюда, ворюга! Чтоб глаза мои тебя не видели! Кыш, кыш, кыш! (Сирр испуганно улетает). Безобразие! Позор! (любуется перстнем на своём пальце). Это же форменный скандал! Разбой! Клеймо на весь состав! Это...

СЭРР (угодливо): Не хотите ли песен, Господин?

ГОСПОДИН (не остыв от собственного спектакля): Что-что?

Серр хлопает в ладоши. Звучит гитарный перебор.

3.

Вечер. Тот же сквер. На скамье отрешённо сидит Сэрр. Поют вечерние птицы... Спустя время Сирр и Сурр вводят измятую Сорру.

СУРР: Сэрр, прикажите ей избрать меня!

СИРР: Нет, нет! Меня! Меня!

СЭРР (устало): А что скажет Сорра?

СОРРА: Я хочу к моему Гражданину.

СЭРР: Освободите-ка её. Присядь, Сорра, рядом со мной. (остальным) Убирайтесь!

Сурр и Сирр улетают. Сорра присаживается на скамью, заботливо разглаживает свои перья.

СЭРР: Послушай-ка, Сорра, меня, старого-престарого Сэрра...

СОРРА (занимаясь своим делом, поспешно): Я слушаю, слушаю!

СЭРР: Не перебивай. Ты совсем ещё молодая Сорока, большую часть своей жизни провела с Человеком, и многого можешь не знать. Послушай же!

СОРРА: Я слушаю, слушаю!

СЭРР: Не перебивай!.. Мы, Сорра, принадлежим к семейству вороновых. К этому семейству относятся наиболее крупные представители отряда воробьиных птиц. Для нас характерно плотное телосложение, сильные ноги...

СОРРА: Не обязательно!

СЭРР: Всенепременно!

СОРРА: Но у меня телосложение хрупкое!

СЭРР: Об этом и речь! Ты слишком долго пребывала у Гражданина...

СОРРА: О, мой любимый Гражданин! Я буду тебе верна до конца!

СЭРР: Не стрекочи!.. Ты стала походить на нежных особей из племени Людей, Сорра! Ты уже не прыгаешь, а ходишь. Ещё немного, и ты перестанешь быть птицей!

СОРРА: Неправда! Ещё чуть-чуть, и мой дорогой Гражданин превратится в вольную птицу!

СЭРР: Нет, Сорра, нет. Не заблуждайся. Люди об этом много мечтают. Птицами они не будут.

СОРРА: Он мне сам говорил!

СЭРР: Так говорить он будет пока без памяти увлечён кем-то или чем-то. Бред это, Сорра, бред. Едва у Людей случается крохотная радость, как им уже мерещутся крылья за спиной. А чуть притопни на них, - слизняки, молюски, улитки... Ты слушаешь меня, Сорра?

СОРРА (разглядывая себя в зеркальце): Слушаю, слушаю!

СЭРР: Слушай, дитя... Местообетания наши весьма разнообразны. Мы населяем леса, горы, пустыни, культурный ландшафт и поселения Человека. У ряда видов характерно зимованье у жилья Человека...

СОРРА: Вот! За что же вы меня истязаете?

СЭРР: Я сказал: у жилья Человека, Сорра. У жилья! У! Ты же прожила в жилье! В!

СОРРА: И не сожалею об этом!

СЭРР: Об этом сожалеют все Пика-Пика.

СОРРА: Пика-Пика? Кто это?

СЭРР: Пика-Пика, Сорра, на языке наших предков – Сороки!

СОРРА: Это Сирры и Сурры?

СЭРР: Будь внимательна, Сорра, прошу! Сейчас я скажу самое главное... Мы, Пика-Пика, не прощаем нашим Сорокам подобных измен. Мы их убиваем. Так нам велят наши Боги.

СОРРА (прихорашиваясь): Ну, со мной у вас ничего такого не выйдет! Вам не позволит этого сделать Общество охраны пернатых! Я видела и знаю, где оно находится! Это Общество не позволит вам убить меня!

СЭРР: Заблуждаешься, Сорра. Позволит. Поскольку у тебя нет на запястье алюминиевого кольца (показывает на своё). Вот такого.

СОРРА: Фи! Мне мой Гражданин скоро наденет золотое!

СЭРР: Поздно, Сорра. Гражданин твой больше не Гражданин.

СОРРА: Что-что-что?

СЭРР: Он жил без запоров, и теперь не значится в Природе.

СОРРА (оторвавшись от своих занятий): Где же он?

СЭРР: В клетке.

СОРРА (с облегченьем): Уф! Зачем же вы меня так напугали? А говорите, не значится!

СЭРР: Ты считаешь клетку Природой?

СОРРА: А мне всё равно! Он есть, значит, буду и я!

СЭРР: О, Сорра, берегись! Ты на глазах перестаёшь быть птицей! Ты обязана выслушать меня до конца! Ты должна иметь шанс!.. Ты будешь слушать меня?

СОРРА: А я могу улететь?

СЭРР: Нет, Сорра, нет. Улететь теперь ты не можешь.

СОРРА: Не пугайте меня, не боюсь!

СЭРР: Я тебя только предупреждаю.

СОРРА: И не предупреждайте, - напрасно!

Упоительно и страстно запел певец-Соловей. Сорра вскакивает.

СОРРА: Вот он, привет от моего Гражданина! Он где-то здесь! (зовёт) Гражданин! Гражданин!

СЭРР (удерживает её): Сядь, Сорра, сядь!

СОРРА (кричит): Любимый, я здесь! Меня истязают! Спаси!

СЭРР: Как ты глупа! Это, Сорра, поёт Соловей. Его ты знать не можешь. Когда ты родилась, соловьиная песня уже не звучала. Теперь, когда ты навестила нас, песня эта только начинает звучать. Его ты не знаешь!

СОРРА: Знаю! Мы слушали Соловья с Гражданином даже лютой зимой! Гражданин записал его голос на диск!

СЭРР (тревожно): Конец света!.. Куда записал?

СОРРА: На диск!

СЭРР (убито): Они с нами делают всё, что хотят! Окольцовывают, записывают на какие-то диски, заносят в Красную книгу!.. Нам нужно торопиться, Сорра. Надо спешить! Итак, я продолжаю... Живём мы, Пика-Пика, парами, которые сохраняются и в зимнее время. Гнездиться начинаем рано, в разных числах марта. Здесь ты припоздала – теперь середина апреля. Но если ты дашь согласие на спаривание с Сурром или с Сирром, то успеешь отложить пять-восемь зеленоватых яиц с бурыми крапинками в моё пустующее гнездо – я вам его подарю... Сурр и Сирр остались без пары. Самка Сирра погибла прошедшей зимой, а упрямый Сурр ждал только тебя. В связи с тем, что сразу два Пика-Пика могут не продлить нашего рода, мы могли бы простить тебе то, чего прежде никому не прощали. Мы не хотим оказаться рядом с Венценосным Журавлём в Красной книге... Я всё сказал! Решай, Сорра!.. Сорра, ты слышишь меня?

СОРРА (встрепенувшись): А? Что? А?

СЭРР: Ты меня не слушала, Сорра!

СОРРА: Нет. Я слушала соловьиную песню моего Гражданина. (Кричит) Любимый, я здесь! Меня истязают! Помоги мне, помоги!

СЭРР (требовательно хлопает в ладоши): Сирр! Сурр!

Влетают Сирр и Сурр, нетерпеливо:

СУРР: Она избрала меня?

СИРР: Меня? Меня?

СЭРР (досадливо отмахивается): Увести!.. (в губь сквера, во всё горло) Всем крепко спать! Всем крепко спать! На заре – общий слёт! Гражданин Господин обратится к нам с большой речью! Всем Сорокам крепко спать!

4.

Тот же сквер на заре. На скамье отрешённо сидит старый Сэрр. Во всю мощь поют утренние птицы. Входит Господин с «дипломатом» в руке.

203

ГОСПОДИН (кричит в заросли): Эй вы там, ну-ка, потише!.. Привет, Сэрр! Такое прекрасное утро, а вы опять нахохлились, как Сыч! В чём дело, Сэр?.. Вы наконец оглохли?

СЭРР (отрешённо): В Красную книгу занесли уже и Розовую Чайку.

ГОСПОДИН: Что за ересь! Кто вам сказал?

СЭРР: Ночью пролетали Ларри.

ГОСПОДИН: Кто такие?

СЭРР: Чайки-Водорезы.

ГОСПОДИН: Не знаю таких. Не знаком. Что им было нужно?

СЭРР: Ни-че-го! Они полетели к морю.

ГОСПОДИН (дышит на перстень с бриллиантом, любуется): Ну и слава богу! Туда им и дорога!

СЭРР: Они сказали, что в Красную книгу уже занесли и Розовую Чайку.

ГОСПОДИН: Опять за своё! Послушайте, Сэрр, чего вы хотите? Хотите, чтобы я перестал выбрасывать на мусорку хлеб, который вы пожираете? Вы этого хотите?

СЭРР (всполошился): О, нет, нет, Господин! Выброшенный на мусорку хлеб – бесценный дар для всех нас, свободных и вольных! Мы без него, как без крыльев! Мы вам так благодарны!

ГОСПОДИН: Ну то-то! Не выводите меня из себя, уважаемый Сэрр, - без вас тошно!

СЭРР: Вам тоже бывает тошно?

ГОСПОДИН: Ещё как!

СЭРР (обеспокоенно): В этом повинны мы, ваши Сорроки?

ГОСПОДИН: Откровенно?

СЭРР: Убедительно прошу вас! Если мы в чём-то виноваты...

ГОСПОДИН: Нет, Сэрр, нет! Успокойтесь! (Дышит на бриллиант). Скажу больше: я вами всеми доволен! Вы, конечно, воришки и жалоб на вас много...

СЭРР: Много жалоб?

ГОСПОДИН: Вагоны! Да-да, вагоны! Но не беспокойтесь: вас в обиду я не дам. Я им, знаете, что говорю?

СЭРР: Что же вы им говорите?

ГОСПОДИН: О! Я им говорю: не будьте растяпами! (смеётся).

СЭРР: Благодарю, благодарю! (шарит под крылом, протягивает алюминиевую ложку).

ГОСПОДИН (повертев в рках ложку, бросает её через плечо): Стареете, Сэрр!

СЭРР: Старею.

ГОСПОДИН (похлопав Серра по плечу): Ничего, старина! Ничего! Зато какой молодчага Сирр!

СЭРР: Да-да, Сирр! Настоящий прохвост.

ГОСПОДИН: Уважаю! Чем не достойный преемник уважаемого Сэрра? А?

СЭРР: К сожалению, он будет одинок в личной жизни. Предводителем Сорок не может быть индивидуум, не ведавший семейных хлопот. Сирр их не изведает.

ГОСПОДИН: Нехорошо! Из-за этой Сорры?

СЭРР: Из-за неё. Она даже не желает слышать о нём.

ГОСПОДИН: Послушайте, Сэрр, а какого, собственно, чёрта! Давайте, окольцуем её! Для меня – показатель, для Сирра – очаровательная Сорока-несушка!

СЭРР: Нельзя, мой господин. Никак нельзя! Она ещё не Сорока!

ГОСПОДИН: Ну, вам виднее (хватается за голову) Уф! Тьфуй! Тошнота! Башка трещит! Представляете, я сегодня ещё не спал.

СЭРР: На то вы и Большой Человек! На то вы и Гражданин Господин!

ГОСПОДИН: В том-то и дело! Мадеры, понимаешь, коньяк, шампанское. А потом простоял, как проклятый, на тяге... Пять Гусей подстрелил!

СЭРР (в ужасе шарахается): О! О! О!

ГОСПОДИН (расчувствовался): Такие дела, старина! А тут слёт ещё этот!.. Где же ваш подотряд? (приставив ко лбу ладонь): А! Летят, голубчики, летят! Милости просим, господа Сороки! Милости просим! Присаживайтесь! Не стесняйтесь! У нас всё просто, по-людски!

Несколько Сорок тесно рассаживаются на скамьях. Среди них Сирр, Сорра, Сурр.

ГОСПОДИН: А где остальные?

СИРР: На яйцах сидят!

ГОСПОДИН (хохочет): Отличная шутка, мой мальчик! Вы над отелем сегодня не пролетали?

СИРР: Нет, Господин! Сегодня я и Сурр сопровождаем Сорру. Так повелел нам Сэрр.

ГОСПОДИН: Похвально, похвально! Дисциплина – прежде всего... Какой ваш любимый цветок, уважаемый Сирр?

СИРР: Напополам разрезанный красный арбуз!

ГОСПОДИН (опять хохочет): Прекрасно! Вы мне нравитесь всё больше.

СИРР (раскланиваясь): Р-рад слышать! Р-рад слышать! Р-рад слышать!

ГОСПОДИН: Так где же всё-таки остальные Сороки?

СУРР: Остальные Сороки, Господин, высиживают птенцов. Вам об этом следовало бы знать.

ГОСПОДИН: Ах, птенцов! Верно, верно! Да, да, да! Причина уважительная! (запоминающим взглядом смотрит на Сурра) Причина уважительная... Вы – Сурр?

СУРР: Да, я - Сурр.

ГОСПОДИН (к сорокам): Это верно?

СОРОКИ (наперебой): Да, да, да! Веррно, веррно, верно! Это – Сурр! Наш славный Сурр!

ГОСПОДИН: Оч-чень хорошо! (строго, ко всем). Ти-хо! Прекратить трескотню! Слушать меня! (встаёт, ходит взад-вперёд) Слушать меня! К-гм!.. (смотрит на Сурра) Разоряя гнёзда мелких птиц, воруя домашних цыплят, выбирая из земли посеянные семена арбузов, вы, господа Сороки, наносите Обществу вред! Стрелять вас надо! Стрелять как паршивое вороньё, как бешеных собак, как... (смотрит на Сирра) Но он невелик. Вред от вас невелик по сравнению с большой пользой, приносимой истреблением вредителей сельского хозяйства! Кроме того, друзья, ваши старые гнёзда охотно занимаются некоторыми Совами и Соколами – истребителями мелких грызунов. И за это я вам многое прощаю!.. Сейчас на полях производится культивация почвы, в которой за зиму расплодилась масса вредоносных тварей. Всем на поля, дорогие друзья! Всем на поля! Ура!(Перепуганные Сороки молчат). Ур-ра, дорогие друзья!.. Я говорю: ура!

СУРР: А чем будут заниматься Сороки из сёл? Может, они прилетят вместо нас очищать от нечистот городские свалки?

СОРОКИ (оправившись от страха): Веррно, Сурр! Веррно, Сурр! Верно, Сурр! Чем? Чем? Чем?

ГОСПОДИН: Ти-хо! Господин Сэрр, кто здесь предводитель Сорок – вы или неизвестный мне антисорок Сурр? Немедленно отправляйте добровольцев! Вы слышите меня?

СЭРР (к Сорокам): Вольные, свободные птицы, соплеменники, дети мои!.. (хлопает в ладоши) Со-ро-ка, во-рона кашу варила, деток кормила! Этому дала! Этому дала! А этому не дала! Он в лес не ходил, он дров не рубил, воду не носил, печку не топил... (все Сороки, кроме Сорры, Сурра и Сирра, пускаются в ритуальный танец) Он в лес не ходил, дров не рубил, воду не носил, печку не топил... Полетели, полетели, полетели!

Все Сороки, во главе со старым Сэрром, улетают. На скамье остаются Сорра, Сирр и Сурр. Последние держат Сорру за крылья.

ГОСПОДИН: А вы что, ждёте особого приглашения?

СИРР: Мы охраняем Сорру, Господин!

ГОСПОДИН: Здесь охраняю я! Кыш на полевые работы!

Сирр испуганно улетает.

СУРР: Между прочим, Господин, и вам бы не мешало поработать.

ГОСПОДИН: Что такое? (наступает) Кыш отсюда, кому сказал! Кыш, кыш, кыш! (Сурр нехотя выпускает крыло Сорры, улетает. В след ему) Ты у меня ещё... Поговоришь, мой белобокий! Наговоришься ещё! (опускается на скамью рядом с Соррой). Ну что, красавица, как живём?

СОРРА (из своего далека): Плохо живём. Грустно живём.

ГОСПОДИН: Ай-ай-ай! Что же так?.. Сорра! Эй!

СОРРА (встрепенувшись, смотрит на него, не понимая): Вы кто? Вы кто? Вы кто? Вы – Человек?

ГОСПОДИН: А ты не поняла из моей речи?

СОРРА: Какой речи?

ГОСПОДИН: Которую я произнёс.

СОРРА: Я не слушала! Никого не слушала! Я думала о моём Гражданине!

ГОСПОДИН: Похвально! Очень похвально! А что ты думала о нём? (вынимает из «дипломата» алюминиевое кольцо)

СОРРА: Я думала, кто ему теперь салфетку поднесёт, кто, дорогому, ложку подаст?

ГОСПОДИН: Браво! И ты всё это умеешь делать?

СОРРА: Умею.

ГОСПОДИН: А могла бы ты, к примеру, приносить всякие там блестящие безделушки... из отелей, скажем, стадионов, бассейнов?

СОРРА: Конечно. И самые отборные... Но Гражданин всегда журил меня даже за мысли об этом.

ГОСПОДИН: Вот как? (прячет кольцо в «дипломат») Ах он какой! Ну а мне ты могла бы иногда приносить?

СОРРА: Конечно! Если вы Человек.

ГОСПОДИН: Я Человек, Сорра! Я – очень большой Человек!

СОРРА: И если это не огорчит моего Гражданина.

ГОСПОДИН: О, не беспокойся! Его это не огорчит. Ведь он – мой лучший друг.

СОРРА (радостно): Друг?

ГОСПОДИН: Самый лучший! Тот самый, о котором у нас говорят: он мне последнюю рубашку отдаст. Слышишь, Соррочка, - последнюю рубашку отдаст. Мне! И, если ты в этом не будешь похожа на него, то очень обидишь его. Смертельно обидишь. Ведь ты не хочешь его обидеть, правда?

СОРРА: Правда! Я ни за что его не обижу. Никогда!

ГОСПОДИН: Он будет очень рад. Он будет счастлив, если ты мне сделаешь доброе дело. Когда я ему скажу, например: «Дружище Гражданин, сегодня мне Сорра золотой кулон принесла, или жемчужное ожерелье, или ещё какую-нибудь побрякушку», у него от радости вырастут крылья! (гладит Сорру по спине, между делом, заходит сзади, осторожно разводит руки, чтобы ухватить её за крылья)

Мимо стремительно пролетает Сурр.

СУРР (кричит): Сорра, Сорра! Лети прочь! Это – не Человек!

5

Комната Гражданина. Синее окно в металлических решётках. На столе – пустая литровая банка. За столом, обхватив руками голову, сидит Гражданин. В зарешёченное окно бьётся Сорра.

СОРРА: Гражданин! Гражданин! Мой спаситель!

ГРАЖДАНИН (горестно): Опять галлюцинации. Опять!

СОРРА: Мой дорогой, мой любимый Гражданин!

ГРАЖДАНИН: Опять, опять!

СОРРА: Посмотрите в окно! Посмотрите в окно! Я здесь, мой ненаглядный! Я снова буду с вами!

ГРАЖДАНИН (поднимает голову): Сорра! (бросается к окну, через решётку тянется к ней) Сорра! Пташка моя!

СОРРА (ласкаясь, радостно): Сорока-ворона кашу варила, деток кормила!.. Отворите мне дверь!

ГРАЖДАНИН: Нельзя!

СОРРА: Почему же нельзя, если я этого так хочу?

ГРАЖДАНИН: Дверь заколочена, Сорра.

СОРРА: Зачем? Почему?

ГРАЖДАНИН: Говорят, что я не похож на других.

СОРРА: Но это же так хорошо – я ведь тоже не похожа на других! Просто я – это вы, а вы – это я!

ГРАЖДАНИН: Говорят, что именно это опасно для них.

СОРРА: Поэтому вас заколотили?

ГРАЖДАНИН: Наверно.

СОРРА: И теперь вы стали похожи на всех других?

ГРАЖДАНИН: Им так кажется. Но это не так – я остался прежним.

СОРРА (восторженно хлопает в крылья-ладошки): А почему у вас никто не поёт на диске?

ГРАЖДАНИН: Все диски поломали.

СОРРА: А как с водой? Она течёт?

ГРАЖДАНИН: Течёт, течёт! И со светом нет перебоев – ведь я теперь на казённом обеспечении.

СОРРА: А цветы? Почему их нет в банке?

ГРАЖДАНИН: Господин запугал Дроздов, и они перестали носить мне цветы.

СОРРА: Кто такой Господин?

ГРАЖДАНИН: Тот, кто господствует над всеми птицами.

СОРРА: Разве это возможно? Нет, нет, нет! Надо мной нет господ. Надо мной есть только любовь!.. Почистите мне, пожалуйста, клюв!

ГРАЖДАНИН: Как это?

СОРРА: Как тогда, когда я впервые пришла.

ГРАЖДАНИН: Но тогда я тебя так напугал!

СОРРА: А теперь я ничего не боюсь (целует Гражданина в губы). Я сейчас принесу вам цветы! (улетает).

Затемнение.

6.

Старый сквер. Вечереет. Непривычная тишина. На скамье отрешённо сидит старый Сэрр. С «дипломатом» в руке и с ружьём за спиной появляется Господин. Ружьё прячет в кустах.

ГОСПОДИН: Уважаемый Сэрр, добрый вечер! Что случилось, а? Тишина! Не орут Соловьи, не дребезжат Синицы?.. Вот сюрприз так сюрприз! Благодарю, уважаемый Сэрр. Благодарю! (садится рядом). Не выношу разновоя! Не перевариваю!(широко улыбается). Что, старик, опять приуныл? Кто-то ещё влетел в Красную книгу?

СЭРР: Умер Сурр.

ГОСПОДИН: Что?

СЭРР: Он разбился, как Кугиус.

ГОСПОДИН: Разбился, как кто?

СЭРР: Как Лебедь.

ГОСПОДИН: Что за чушь? Лебедь был стеклянный?

СЭРР: Он был влюблён, а подруга погибла. Он поднялся высоко в небо и оттуда упал.

ГОСПОДИН: Ах, вы об этой сказке! Ерунда! Такого не бывает! Всё это выдумки таких интимных дураков, как наш господин Гражданин. «Уюча, оюча»! Утю-тюшеньки, тютю! Не бывает!

СЭРР: Так разбился наш Сурр.

ГОСПОДИН: В самом деле? А я собирался его сам... М-да! Хороший был Сорок. Очень хороший! Я сочувствую вам, Сэрр. Ну, а кто же та подруга, из-за которой весь сыр-бор? Неужели... (вскакивает) Послушайте, этого быть не должно – из неё легко было воспитать отличную служанку-добытчицу! Этого быть не должно!

СЭРР: Это случилось, мой Господин. Да, это Сорра. Она погибла для всех нас.

ГОСПОДИН: А Сирр? Мой доблестный Сирр? Он живой? Он не разбился от горя?

СЭРР: Господь с вами, Господин! Такой жить будет вечно.

ГОСПОДИН (успокоенно садится на скамью): Это обнадёживает, Сэрр. Это замечательно обнадёживает (извлекает из «дипломата» бумаги). Так! Первым делом – реестр! В нашем деле главное, старина, чтоб в бумагах был полный порядок... Сурр, Сурр, Сурр! Ага, вот он (вычёркивает). А где у меня Сорра?.. Сорра, Сорра, Сорра. Ха! Да она же не значится птицей! Она же не окольцованной была! (повеселев, часть бумаг прячет в «дипломат», часть рвёт и бросает на землю). Не так страшно, старик! Не так страшно! Скоро – новый приплод, окольцуем всех поголовно! Мужайся, дед, всё пройдёт, всё будет нормально! (встаёт и уходит). Почему вечерние птицы не поют? Почему молчат Соловьи и Синицы?.. Ну, я вам задам завтра с утра!

Сэрр печально сидит, потом встаёт, и, собирая по кусочкам разорванную бумагу, складывает в лист.

СЭРР (читает по слогам): Сор-ра... (кричит в грубь сквера) Сирр, введи Сорру!

Сирр вводит Сорру. У Сирра на груди огромная красная медаль с изображением разрезанного наполовину арбуза.

СЭРР: Сорра, что мне делать с тобой?

СОРРА (живо): Отпустить!

СИРР: Нет, нет, нет! Никогда! Теперь Сорра моя! Я дважды возвращал её в стаю. Я выбью из неё...

СЭРР: Сирр, уйди.

СИРР: Никогда! Теперь я тут...

СЭРР: Тебя ждёт Господин.

СИРР (сияя): Мой Господин?

СЭРР: Он желает взглянуть на золотой кулон, что ты утром принёс с одной загородной дачи.

СИРР (с готовностью): О, лечу! Лечу, лечу! Слышишь,   Сорра, теперь ты уж точно моя! (улетает).

Пауза.

СЭРР: Сорра, что мне делать с тобой?

СОРРА: Я хочу к моему Гражданину.

СЭРР: Много лет я живу. Такого, Сорра, ещё не бывало.

СОРРА: Значит, пусть будет теперь!

СЭРР (автоматически повторяет): Значит, пусть будет теперь... (долго смотрит на Сорру). Если б только не Сурр!.. Не пожелавший жить отвергнутым, мёртвый, он своей любовью тебя выручает. Две смерти молодых для одного старого сердца – слишком много, о Господи!.. Или всё же убить, как велят законы родных предков?

СОРРА: Не надо.

СЭРР (автоматически повторяет): Не надо (вздыхает). Да будет так! Ружьё Господин оставил в кустах, а мне всё ещё чего-то хочется. Боже мой, боже мой! Сорра!.. Госпожа Сорра, ты ведь в клетку летишь!

СОРРА: Знаю.

Где-то защебетал, защёлкал настоящий, живой соловей.

Софье Самойловне Казанской

СТИХИ

***

Макаю в капельку дождя
Перо, дарённое синицей,
И замираю, отходя
В мир белодевственной страницы.

Вздыхает липа за окном,
То хмурятся, то блещут лужи.
Мне в одиночестве моём
Сейчас никто-никто не нужен.

И пусть творения пера
Напоминают слёз разводы -
Теперь осенняя пора -
Шалят божественные своды.

***

Прильни, прильни к моим устам!
На ветке голой, чёрной
Два уцелевшие листа
Трепещут обречённо.

В утробе пасмурного дня,
В осенней скорбной драме
Молитвенные два огня -
Как в опустевшем храме...

***

Ну что же дальше? День за днём
Уходят. Господи, помилуй!
То стонем тихо, то поём,
То расстаёмся с милой.

Устали головы держать
Над мелкой речкой ивы,
Устали женщины рожать
Детей от нелюбимых,

Устало небо над землёй,
Устали рыбы в море.
Что происходит? Что со мной?..
Опять я в общем хоре.

***

Дождь имени печального Шопена
Осыпал нотами из капель серебра
Абрис крыльца, плетень, антенны
И дужку во дворе забытого ведра.

Распятым прихотливой долей -
Итоговой наградой для всех нас
Под кровлями домов и в чёрном поле
Звучит дождя фортепианный вальс.

***

Трещат сороки. Видимо, к дождю.
А может, к снегу иль к метели.
Скорей всего же – просто к декабрю,
Что будет здесь через неделю...

О, да! О, да! Опять зима!
Дымок столбом над крышей,
И снова счастье от ума,
Которым я не вышел.

***

Слышен поезд. Сине. Звонко.
Лошадь сани провезла.
Талисман мой - месяц тонкий
Пусть хранит тебя от зла.

Пусть не рвётся там, где тонко,
Расплетётся жгут узла.
Зимне. Тихо. Сине. Звонко.
Ночь в овраги уползла.

Петухи вещуют громко
Добрый, нежный, щедрый год.
С Новым годом! Сине. Звонко.
В церкви колокол поёт.

***

Бытописание. Пейзаж.
Отключен свет. Смотрю в окошко.
Там – снежных сумерек мираж,
Светлей, чем в комнате. Немножко.

Мне сказки лепит белый снег,
Поёт мне песни вьюга
О превосходстве сладких нег
Над жизнью друг без друга.

Ах, нега, неги, нежность, страсть,
Ах, жарких уст касанье!
Не в силах отключить их власть
Как проводов питанье...

***

Дойти, доехать, долететь,
От мысли радостной проснуться,
Дожить до встречи, уцелеть,
К тебе хоть взглядом прикоснуться.

Любить, любить, любить, любить...
О, если б можно было
Глоток тебя сейчас испить
Под ветра свист унылый!

У вас теперь дожди идут,
Тревожно бьют по крышам,
Мольбы сигналы подают -
Прислушайся... Ты слышишь?

***

Непогода, непогода.
Дождь со снегом, снег с дождём.
Не видать начала года,
Что там будет?.. Подождём.

Подождём да погадаем,
Погорюем, отдохнём.
Может, всё, о чём мечтаем,
Ждёт за письменным столом.

Ждёт нетолстая тетрадка,
Милый образ, лампы свет,
Подытоженные кратко
Жизнь, любовь, привет, ответ.

Непогода за окошком
Подарила снега хруст,
Полнолунье и горошком
Разодетый звонкий куст.

***

Кому куда. Мне – на свиданье.
Вагона тамбур. Тусклый свет.
Лиц полусонных очертанья.
Дым разносортных сигарет.

И разговоры... О погоде,
О спекулянтов торжестве,
О скором-скором Новом годе
И о Христовом рождестве.

О том о сём. Смотрю в оконце,
Срываю инея цветы.
И вижу, как восходит солнце:
Привет, родная! Вот и ты...

***

Перепутье. Растерянный вечер.
Завтра брызнет, возможно, капель
Иль простуженный мартовский ветер
Вновь закружит, завертит метель.

Ожиданье. Сомненья. Надежды.
Мрак в окошке. Подушка без сна.
До утра воспалённые вежды.
Цифра 8. Диагноз – весна!

***

Запру свой дом, уйду и улечу.
Куда? Зачем? Кому какое дело?!
Зажги в окне своём свечу,
Чтоб мимо вдруг не пролетел я.

***

Церковный колокол раскачивает ночь.
Тревога. Мечутся зарницы.
Звонарь, устав, не в силах превозмочь
Вселенский гром небесной колесницы.

Треск. Грохот. Ливень. Буревей.
Окно царапнув, яблоня упала.
Рыдает сад израненый над ней -
Античный хор трагедии финала...

Гроза смолкает. На стене часы
Оттикивают времени затишье
Стихи стекают каплями росы.
Звон утренний. Всё тише, тише, тише.

***

Уходит женщина. Роняет ветка лист.
Дождит в моём уединенье
И очень скоро ветра свист
Заглушит нежностьи биенье.

Холодной осени пора.
Смотрю в окно. Летит сорока.
И запах листьев детвора
Уносит в ранцах для уроков.

Урок, уроки. Суета!
Я расскажу вам, дети, сказы:
Жил-был один... Жила-была...
Простите... Что-то с горлом. Спазмы.

***

Ах, сыграйте, кто-нибудь,
Банановый блюз или вишнёвую сонату -
Зацвёл на грядках сахарный арбуз
И во дворе запахло мятой.

Ах, сыграйте что-нибудь
Про колдовство июньской ночи -
Луна, как выпуклая грудь
Моей красавицы... Нет мочи!

***

Над городом голубизна,
Сплетенье острых линий,
Глаза красавицы без дна
И шарфик синий-синий.

Созрели для любви уже
Сиреневые почки,
Вдоль тротуаров, на меже,
Травы зелёной строчки.

Ударил час вселенских чувств,
Забудутся невзгоды...
Прости, красавица, я пуст,
Я – из другой погоды.

***

Декабрь. Теплынь. Нью-Йорк хороший.
Весёлых авеню тесьма.
Залётный ветер-листоноша.
Фрагмент заветного письма.

Читаю чёрное на белом:
Окно. Рябина. Горка дров.
Котёнка клякся с гибким телом.
Живые точки воробьёв.

Забора колья в снежных шапках.
В пух-прах расклёванный репей.
Калитка поцелуев жарких.
Следы, протоптанные к ней.

Кто ходит там теперь, не знаю.
Кого встречают, - всё равно...
Вот только плачу, вспоминая
Тот двор, калитку и окно.

***

Иду, бреду. В гирляндах вечер
И авеню ах, хороша!
А я сутулю зябко плечи -
Не здешних мест моя душа.

Не здешних звёзд, не здешних свечек,
Шаров и ёлочных венков...
Я так люблю гул русских печек
Под хруст морозных вечерков!

Сейчас бы хорошо – напиться,
Так ведь никто не подпоёт
Романса о забытых лицах,
Любви к усопшим не поймёт.

***

Лес. Грибы. Золотое лукошко.
Синева родниковых небес...
Жёлтый лист прилепился к окошку.
Горько-сладко и тихо окрест.

Голоса обрели одинокость
И значительней стали слова...
Не печалься! Моя синеокость -
Не из лучших в сюжете глава.

Над рябиной порхает сорока,
На заборе кричит воробей...
До последнего, крайнего срока
Есть у нас ещё несколько дней.

***

А знаешь, липа отцвела.
Оперились скворчата.
С утра на станции села
Кого-то ждут девчата.

Гуляют звёзды по ночам,
Луна слепит дорогу,
По первым солнечным лучам
Вьюнок плетётся к Богу.

У всех – дела, дела, дела -
В своём репертуаре лето.
Вот только липа отцвела
И как-то... грустно это.

***

Я потихоньку вечерею.
Мерцаю бледною звездой.
Кричу совой, неслышно рею
Над речкой с тёплою водой.

«Тук-тук!» - ах, дождь!
«Так-так!» - ах, поезд!
Когда, когда, когда, когда
Писать устанут эту повесть,
Как дым, летящие года?..

Угаснет день. Притихнет ветер.
И, может, локон теребя,
Ты как-то скажешь: Добрый Вечер,
Я пуще всех люблю тебя!

***

Предсентября двадцатое число.
От синевы утрами стынет небо.
Ещё по-летнему тепло,
Но крепко пахнет свежим хлебом.

В причёсках вишен дремлет желтизна,
Растёт из яблок ворох у порога.
Всё, как всегда, но есть и новизна -
Отныне я во власти Бога...

***

Печален осени парад.
Безмолвны дни, бездонны ночи.
Дождём оплакан жёлтый сад.
И всех мне жалко. Очень-очень!

***

О, небеса богов! Уже увяли астры.
Родимая земля! Всё убрано с полей.
Ужели все мои страдания напрасны?
«Всё будет хорошо!» - чирикнул воробей.

***

Потухший профиль фонаря,
Разъезд, вагонов бегство.
Я и перрон. Перрон и я -
Апофеоз восторженного действа.

В пейзажа блеклую тетрадь
Извилистых дорожных линий
Меня торопится вписать
Осенних листьев ливень.

Отчётливый сороки треск,
Как первый знак привета
Полудремучих сельских мест,
Как отзвук детства лета.

Шиповник красный. Ели синь.
Перо, забытое кукушкой.
Мираж росистых паутин,
Берёз растрёпанных верхушки.

В полубреду иль в полусне
Тропа выводит на дорогу...
Улыбка в утреннем окне -
Я дома, дома! Слава Богу!

***

Чуть свет. Чуть жив. Чуть без ума.
В окне – синий ситец в горошек:
Колодца сруб, соседские дома -
Всё в точках снежно-белых крошек.

В моей судьбе – не первый снегопад
И в жизни – не последняя пороша.
Я, кажется, влюблён и рад,
Что нахожусь в предчувствии хорошем.

Скрип снега. Шубка. Лязг ведра.
Разгульно-белое, игривое ненастье.
Весёлый взгляд. Изгиб бедра.
Колодец старый... Счастье?

***

Нам в тропиках мерещилась метель
И, Бог мой, сани с горки!
Скрипела белая постель
И ночь шептала: "горько!"

И сладко-сладко, до зари,
Ласкались веки негой,
Стонали где-то глухари,
Дразнилось небо снегом...

Когда в завьюженном нибудь
Дорожки запорошит,
Окно зашторит иней-муть
И может, может, может

В рисунке синем на стекле
Причудятся нам пальмы,
Любовь вселенская в тепле,
Наш миг счастливый, давний.

***

Уходят дни... являются надежды,
За окнами последний снегопад,
Уж скоро сменит белые одежды
Природа на цветной наряд.

Рождённым в марте чудятся рассветы,
Рождённым в августе - малиновый закат,
Всем остальным - безоблачные леты...
Уходит в прошлое зимы холодной ад.

И мы с тобой - сиреневые почки,
На ветке жизни примостясь,
Дождёмся солнца... после сладкой ночки
В цветы живые превратясь.

***

Антракт. Откланялись раздетые деревья,
Отшелестел аплодисментов шквал.
Всеобщий перекур в деревне -
Дымок из труб. Исконный ритуал.

***

Пора! Часов неумолимый клич.
Дождь. Зонтик. Каблуков стучанье.
Метро с названьем "Брайтон Бич"
И торопливое прощанье...

Нью-Йорк - суровая семья,
И люди в нём, как в секте, суеверны.
Вот почему, должно быть, на меня
В смятенье смотрят белые и негры -

Подтянут. Строг. Плечист. Высок.
Я поминально бережно, неловко
Несу в двух пальцах светлый волосок
Забывчивой девической головки

***

Упали тяжело и больно
Снега, что я боготворил,
И коих пух легко и вольно,
Гуляя по селу, ловил.

Да и потом, когда уж город,
Переломав, почти убил,
Я убегал, поднявши ворот,
На снег, который так любил.

Любил за пышность и за белость,
За чистоту благих надежд,
За мягкость нежную, за смелость,
За трепетанье милых вежд.

И вот упали, навалились,
И нету сил их превозмочь —
Грехи когдатошние снились...
И падал, падал снег всю ночь.

***

О... Здравствуй!
Здравствуй, здравствуй,
Цветущий вне закона мак, -
Синоним мой, дурман прекрасный,
Наркотик, опиум, сорняк!

Как любят нас в часы забвенья,
Когда средь жирных скучных трав
Горим надежды озареньем
И дарим хмель нагих забав!

Как орошают нас слезами
И как ревниво берегут...
Ты жив, ты жив! Под образами
Меня сквозь жизнь на казнь ведут.

***

И кажется, всё кажется,
Мечтается, мерещится,
Что предо мной покаются,
Что боль пройдёт, излечится.

***

Ау, ау!.. Мы разбрелись,
Рыдаем у перронов,
Меняем облачную высь
На пастбища бизонов.

Уходят в самолётов пасть,
В жующий мир достатка
Достоинство, Любовь и Страсть
И Честь - всё без остатка.

Над непокрытой головой
Твои ладони взвились...
О Боже, Боже, Боже мой,
Для этого ль родились?!

***

Разбилось Солнце - листопад.
Шуршат, шуршат воспоминанья.
Да-да, да-да! - я виноват
В несовершенстве мирозданья.

Не усмирял магнитных бурь.
До судорог любил Венеру.
И Бахуса хмельную дурь
Возвёл в религию и веру.

Теперь вот Солнце не сберёг.
Ах, листья, листья, листья!
Печаль и грусть. Зимы порог.
Минувшего ухмылка лисья.

The chosen mission of the IGRULITA Press is to become an essential base of support and a platform for creativity and intelligence in the literary and related arts as well as a bridge between the creators and receivers of a creation.

We endeavour to accomplish the latter part via a modern network of cultural nodes such as libraries, universities, cultural organizations, research centers.

We invite you to join our activity based on your interests, capacity and aspirations.

We can be reached at
igrulita@vfxsystems.com

Project Supervision: *Art design*: Olanga Jay
  Vicco Tamaris
Editor: Eugene Manel

IGRULITA Press, Berkshires, USA
Contact: igrulita@vfxsystems.com
ISBN **978-1-936916-16-0**

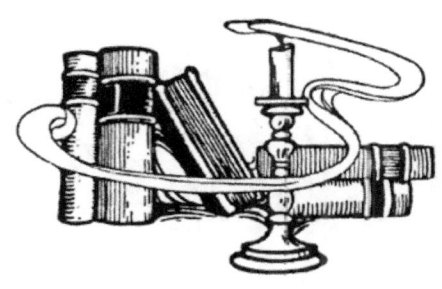